Weltspitze – Erfolgs-Knowhow für internationale Geschäfte

Sergey Frank

Haufe Mediengruppe
Freiburg · Berlin · München

Bibliografische Information der Deutschen Nationalbibliothek

Die Deutsche Nationalbibliothek verzeichnet diese Publikation in der Deutschen Nationalbibliografie; detaillierte bibliografische Daten sind im Internet über http://dnb.d-nb.de abrufbar.

ISBN 978-3-648-00460-9   Bestell-Nr. 00287-0001

1. Auflage 2010

© 2010, Haufe-Lexware GmbH & Co. KG, 79111 Freiburg
Redaktionsanschrift: Postfach, 82142 Planegg/München
Hausanschrift: Fraunhoferstraße 5, 82152 Planegg/München
Telefon: (089) 895 17-0,
Telefax: (089) 895 17-290
www.haufe.de
online@haufe.de
Lektorat: Jürgen Fischer

Alle Rechte, auch die des auszugsweisen Nachdrucks, der fotomechanischen Wiedergabe (einschließlich Mikrokopie) sowie die Auswertung durch Datenbanken, vorbehalten.

Desktop-Publishing: Agentur: Satz & Zeichen, Karin Lochmann, 83129 Höslwang
Umschlag: Kienle gestaltet, Stuttgart
Druck: Schätzl Druck, 86609 Donauwörth

Zur Herstellung dieses Buches wurde alterungsbeständiges Papier verwendet.

Frank · Weltspitze

Inhalt

Vorwort	**13**
Erfolgs-Knowhow für das Auslandsgeschäft	13
Doing Business unter kulturellen Einflüssen	14
Einleitung	**16**
Wie Deutsche international Erfolg haben	16
Teil 1: Internationale Kommunikation und Strategie	**19**
Die Rollen eines internationalen Managers – *Sergey Frank*	19
Selbsttest: Wie interkulturell kompetent sind Sie?	21
Abschließende Hinweise	22
Internationaler Erfolg in kleinen Schritten – *Sergey Frank*	23
Strategie	24
Konkretisierende Schritte	24
Implementierungsschritte	25
Fazit	27
Wie Ihnen Präsentationen auf Englisch gelingen – *Sergey Frank*	29
English as Mothertongue	29
Humor ernst nehmen	30
Nervosität sollte Sie nicht nervös machen	30
Der Gesamtzusammenhang	31

Der richtige Umgang mit Dolmetschern – *Sergey Frank*   35
    Wer ist Spezialist?   35
    Dolmetscher in internationalen Verhandlungen   36
    The language used in negotiations   36
    Definitionen   37
    Empfehlungen zu Dolmetschern – Wer ist der Dolmetscher?   38
    Zusammenfassung   39
Wie Sie Verträge auf Englisch richtig aufsetzen – *Sergey Frank*   41
    Hochkomplex und lang   41
    Vertragsentwürfe gut vorbereiten   42
    Fazit   44
Richtiges Timing kann man lernen – *Sergey Frank*   45
    Vorbereitung: Die Verhandlung beginnt, bevor sie anfängt   46
Wie Sie Aufträge richtig abschließen – *Sergey Frank*   48
    Strategische Nachbereitung   49
    Praktische Nachbereitung   49
    Der Projektkoordinator   50
    Fazit   51

Teil 2: Internationales Management   53

Wie man Outsourcing richtig umsetzt – *Sergey Frank und Prof. Peter Anterist*   53
    Verwaltungsaufgaben im In- und Ausland   53
    Wie kann man solche Risiken minimieren?   55
    Make it or buy it? Eine strategische Entscheidung für die Zukunft!   56
    Fazit   60
Controlling ist mehr als nur Zahlen – *Sergey Frank und Dr. Jost Baumgärtner*   61
    Wesentliche Parameter im Controlling von internationalen Unternehmen   62

Nationale Kulturen und deren Folgen für das internationale
Controlling 63
Fazit: Zahlenknecht oder Co-Pilot? 67

Controlling in sich schnell verändernden Weltmärkten
Sergey Frank und Dr. Jürgen Kohlrusch 68

    Krisen entstehen häufig durch eine Kombination aus strukturellen
und konjunkturellen Problemen 68

    Die Controllingabteilung gerät unter Druck 69

    Zukunftsweisende Antworten nicht nur aus der Vergangenheit 70

    Softwareagenten übernehmen Frühwarnungen 71

    Fazit 72

MBA – Drei Buchstaben auf dem Weg zur Spitzenkarriere
Sergey Frank und Prof. Dr. Torsten Wulf 73

    Wie alles anfing – Die USA als führende Ausbildungswerkstatt 73

    Charakteristika europäischer und speziell deutscher MBA-Programme 74

    Eigene Methodologie 75

    Ausblick 76

Teil 3: Emerging Markets – aktuelle Herausforderungen 77

Wie Zukäufe nicht zum russischen Roulette werden
Sergey Frank und Dr. Ralf Wagener 77

    Vertragspartnerschaft oder Direktinvestition? 77

    Neugründung oder Kauf? 78

    Allgemeine Rahmenbedingungen für Direktinvestitionen – am Beispiel
Russlands 79

    Besondere Risiken beim Unternehmenskauf 80

    Suchen Sie sich die richtigen Verbündeten! 81

    Fazit 82

Personalsuche in Emerging Markets – *Sergey Frank*   83
    „War for Talents" – Wie finde und behalte ich die richtigen Köpfe in
    Emerging Markets   83
    Sprach- und Kommunikationsbarrieren   84
    Kulturelle Unterschiede   85
    Wie finde ich die richtigen Personen?   85
    Local oder Expatriate?   86
    Die eigentliche Suche   87
    Wer ist eigentlich mein Gegenüber?   88
    Das erste Zusammentreffen mit dem Klienten – mehr als ein „Blind
    Date"   89
    Das Closing   90
    „Vor dem Spiel ist nach dem Spiel"   90
    Fazit   92

Vergütung in Emerging Markets – Für ein paar Dollar mehr?
Sergey Frank und Maria Smid   93
    Der Arbeitsmarkt im Wandel der Zeit   93
    Auswirkungen der Wirtschaftskrise   94
    Neupositionierung der Human Resources (HR)   95
    Implikationen auf die Vergütungspraxis   95
    Fazit   96

Arbeitsrecht und Personalmanagement in der chinesischen Gegenwart
Sergey Frank und Dr. Iris Duchetsmann   98
    Herausforderungen durch wirtschaftliche Rahmenbedingungen   98
    Rechtliche Risiken vermeiden trotz Flexibilisierung   99
    Bereinigung von Personalstrukturen und Personalabbau   100
    Perspektivisches Personalmanagement und Optimierung   103
    Fazit   104

Politikberatung und Public Affairs in Emerging Markets
Sergey Frank und Heino Wiese — 105
    Zwischen Erfolg und Risiko — 106
    Handhabung der politischen Dimension — 106
    Absicherung der Risiken — 108
    Politikberatung statt Korruption — 109
    Fazit — 109
Öffentlichkeitsarbeit in Russland – *Sergey Frank und Guntram Kaiser* — 111
    Die Krise zwingt zum Umdenken — 112
    Die russische Medienlandschaft – Achtung vor Stereotypen — 113
    Fazit — 114

Teil 4: Länder — 115

USA – Wie Sie im Land der unbegrenzten Möglichkeiten Erfolg haben
Sergey Frank — 115
    Time is Money — 116
    Keep smiling — 117
    Der Ton macht die Musik — 119
    Tit for Tat — 119
    A deal is a deal — 120
    Have fun — 121
    Fazit — 123
Japan – Wie man im Land der aufgehenden Sonne Erfolg hat – *Sergey Frank* — 124
    Der erste Eindruck — 124
    Vorbereitung — 125
    Das erste Gespräch — 126
    Die Verhandlung — 127
    Der Teufel liegt im Detail – Einzelne Schritte — 129
    Vertragsabschluss und Closing — 131

Das weitere Vorgehen – das Follow-up	131
Gruppen- und Gemeinschaftsdenken	132
Das gesellschaftliche Leben	133
Fazit	134
Russland – Erfolg im größten Land der Welt? – *Sergey Frank*	**135**
Erfolgsfaktoren im Russlandgeschäft	135
Russland ist eine eigene Welt	136
Auf Russisch – „Po Russki"	137
Der russische Hierarchiegedanke	138
Rahmenbedingungen genau studieren	139
Die Relevanz des Businessplans	140
Geschäftsorganisation	141
Der Faktor Personal – „das A und O"	141
Fazit	142
China – Riesenreich, aber auch Riesenmarkt? – *Sergey Frank*	**143**
Langsames Werben	143
Guanxi	145
Business-Sprache Englisch? Ja, aber ...	145
Business am Buffet und großes Stühlerücken	146
Vom Lehrling der Marktwirtschaft zum Marktführer?	147
Der Mittelsmann	148
Wie auf dem Basar?	149
Work in Progress: Der Vertrag	150
China ist nicht China	150
Fazit	151
Brasilien – Gute Geschäfte am Zuckerhut – *Sergey Frank und Axel Werner*	**152**
Patriarchalischer Führungsstil	153
Zeit ist nicht so wichtig	153

Eleganz ist angesagt	154
Praktische Tipps	155
Fazit	156
Indien – Business zwischen Taj Mahal und Bollywood – *Sergey Frank*	157
„How do you like India?"	157
Managementkultur in Indien	158
Image und Prestige	161
Bürokratie	161
Praktische Tipps für Indien	162
Südafrika – Geschäfte machen am Kap der guten Hoffnung – *Sergey Frank*	163
Die südafrikanische (Business-) Gesellschaft	163
Das erste Treffen	164
Wie man richtig präsentiert	164
Verhandeln mit Südafrikanern	165
Der Umgang mit Verträgen und Abmachungen	166
Die privatere Seite	167
Fazit	167
Thailand – Geschäftemachen im Paradies – *Sergey Frank*	168
Verhandeln in Thailand	168
Die Rolle des Dolmetschers	171
Politische Beratung	172
Praktische Tipps für Thailand	173
Fazit	174
Türkei – Erfolg am Bosporus – *Sergey Frank*	175
Door Openers	175
Doing Business in der Türkei	176
Praktische Tipps für die Türkei	178
Fazit	179

Vereinigte Arabische Emirate – Geschenke, Gastfreundschaft, Geschäfte
Sergey Frank 180
    Kulturelle Besonderheiten 180
    Geschäfte machen in den Vereinigten Arabischen Emiraten 182
    Fazit 183
Frankreich – Verhandeln zwischen Eleganz und Savoir-vivre – *Sergey Frank* 185
    Parlez-vous français? 185
    Beidseitige Missverständnisse 186
    Der vertrauliche Umgang 187
    Geduld ist gefragt 187
    Vom Allgemeinen hin zu den Einzelheiten 188
    Unflexible Deutsche 188
    Rhetorik als Selbstdarstellung 189
    Fazit 189
Großbritannien – Business as usual? – *Sergey Frank* 191
    Beherrschung richtiger Verhaltensregeln 191
    How to be British 192
    Fair Play ist wichtig 193
    Understatement – eine Einstellung mit großer Wirkung 194
    Praktische Tipps für Großbritannien 195
    Fazit 196

Über die Autoren 197

Literaturverzeichnis 202

Stichwortverzeichnis 204

Vorwort

Erfolgs-Knowhow für das Auslandsgeschäft

Im Zuge der Globalisierung nehmen internationale Transaktionen, Kooperationen und grenzüberschreitende Projekte stetig zu. Werden sie damit im In- und Ausland auch ähnlicher? Ganz im Gegenteil: Die Art und Weise, wie z. B. ein und dasselbe Projekt in verschiedenen Ländern ausgeführt wird, ist nach wie vor sehr unterschiedlich. Dieser Tatsache sollte sich jedes Unternehmen bewusst sein, bevor es den Schritt ins Ausland unternimmt.

Das Bewusstsein für wirtschaftliche, soziale und kulturelle Unterschiede und Eigenheiten ist sowohl für die ersten Gespräche mit einem möglichen Kooperationspartner als auch für den späteren Umgang mit Mitarbeitern des Ziellandes wichtig. Ohne ein gehöriges Maß an Feingefühl kann der Erfolg im Ausland mitunter nur schwer durchgesetzt werden. Oftmals fehlt es Managern multinationaler Konzerne eben an diesem nötigen Fingerspitzengefühl. Sie verhalten sich auf Geschäftsreisen nach Mumbai oder Moskau ähnlich wie in New York oder London.

Häufig drängt sich das Gefühl auf, dass Manager in ihrer eigenen und selbst geschaffenen Welt leben. Dies mag nicht verwundern, wenn man sich die Umgebung ansieht, in der diese Menschen ihre Arbeit verrichten. Hotel in Shanghai oder New York: innerlich und äußerlich praktisch identisch. Flughafen Madrid oder Johannesburg: ohne nennenswerte Unterschiede. Nachvollziehbar, dass die Manager schnell zu der Erkenntnis kommen können, dass die äußere Gleichheit auch auf den Umgang mit den Menschen anwendbar ist.

Praktisch geht es hier also um Folgendes: Wie entwickelt man ein derartiges Feingefühl und schärft seine Wahrnehmung im Umgang mit den fürs eigene Business wichtigen Menschen, um letzten Endes im Ausland erfolgreich tätig zu werden?

Doing Business unter kulturellen Einflüssen

Ein erfolgreiches internationales Geschäft unterliegt einer Vielzahl kultureller Einflussfaktoren.
Das Potenzial für Missverständnisse ist erheblich höher als allgemein angenommen. Trotz Kommunikationshilfen, wie z. B. dem Internet oder E-Mails sowie Englisch als globale Geschäftssprache, besitzen Menschen aus unterschiedlichen Ländern immer einen anderen Hintergrund, der ihre verbale und nonverbale Sprache mit kulturspezifischen Merkmalen prägt.
Beim Business kann wertvolle Zeit verschwendet werden, wenn man letzten Endes aneinander vorbeiredet. Trotz aller bekannten Stereotype variieren nationale Charakteristika erheblich. Unterschätzt oder vernachlässigt man diese, so wird der Erfolg des gesamten Projektes gefährdet. Der Teufel liegt im Detail.

Sehr viele Menschen glauben, verhandeln zu können, und denken deshalb wenig darüber nach. Verhandelt wird somit oft „mit dem Bauch". Instinktiv zu verhandeln ist sicher gut, jedoch ist es besser, sich auch bewusst zu machen, auf welche Weise man agiert. Bei größeren Projekten, insbesondere bei komplexen Materien, wie z. B. Unternehmenszusammenschlüssen oder Unternehmenskäufen, kann durch die Kompetenz, international effektiv und geschickt zu agieren, großer wirtschaftlicher Erfolg erzielt werden.
Die klassische Kulturfalle sind falsches Verhalten und unangemessene Gesten in der nonverbalen Kommunikation. Dies kann dazu führen, dass erste Gespräche in einer unangenehmen Atmosphäre ablaufen, die sich dann auf alle nachfolgenden Gespräche übertragen kann. Unterschiedliche kulturelle Etikette oder verschiedene Auffassungen vom Status der Personen können die Kommunikation zwischen zwei Individuen vollkommen aus der Balance bringen. Selbst kosmopolitische Manager, die in einer „internationalisierten Kultur" mit Internet, Mobiltelefon, CNN sowie Englisch als Kommunikationssprache leben, können nach wie vor in die Kulturfalle tappen.

Aus diesem Grund ist dieses Buch als praxisgerechter Leitfaden wichtig. Das internationale Geschäft an sich muss man selber machen, das Buch kann allerdings eine wertvolle Hilfe auf dem erfolgreichen Weg dahin sein. Zu allen wichtigen Aspekten erhalten Sie kompetente Informationen und praxiserprobte Tipps. Ausgewiesene Experten im internationalen Geschäft lassen Sie an ihrem Wissen teilhaben.

Ich wünsche Ihnen eine gewinnbringende Lektüre.

Saarbrücken, im September 2010, *Prof. Peter Anterist*

Einleitung

Wie Deutsche international Erfolg haben

Die Wirtschaft in Deutschland hat in den letzten Jahren wesentliche, von der Globalisierung beeinflusste Entwicklungen erfahren. Ausgehend vom Status des „Exportweltmeisters" haben viele deutsche Unternehmen kontinuierlich ihren internationalen Wirkungskreis durch Beteiligungen, Produktionsstätten und andere Kooperationen im Ausland erweitert. Das gilt besonders für die boomenden Märkte der BRIC-Staaten Brasilien, Russland, Indien und China.

Verursacht durch die Finanzkrise hat sich aber auch dort eine beachtliche Wendung ergeben. Heute sind auch diese Märkte teilweise von Umsatzeinbußen und Ertragsrückgängen betroffen. Reduzierung von Personal und Kurzarbeit als vormals dort nicht so bekannte Phänomene werden jetzt auch in diesen Märkten aktuell und stellen ausländische Investoren vor neue Fragen der Globalisierung. Globalisierung lässt sich eben nicht zurückdrehen. Ganz im Gegenteil: Sie wird weitergehen, aber vielleicht nicht so kontinuierlich wachsen wie bisher. Umso wichtiger wird das aktuelle Verständnis für den internationalen Erfolg. Dies haben wir zum Anlass genommen, in dem vorliegenden Buch wesentliche Aspekte zu beleuchten, mit denen deutsche Manager und Unternehmer im Ausland konfrontiert sind. Dabei versteht sich das Buch nicht als neuer Business-Knigge, sondern geht bei weitem über diesen Aspekt hinaus. Es geht z. B. nicht darum, wie man in Japan Visitenkarten verteilt, sondern vielmehr darum, wie man unter Zeitdruck – das Schlagwort heißt „Time is of the Essence" – in einer asiatischen Kultur unter Beachtung aller Kommunikationsaspekte trotzdem effektiv und zeitnah Erfolge erreicht.

Somit ist dieses Buch für Leser konzipiert, die im internationalen Geschäft arbeiten, in globale Projekte involviert sind, in das Ausland entsendet wurden oder in anderer Hinsicht international agieren. Es zielt auf verschiedene, komplexe und voneinander abhängige Aspekte ab. Basierend auf konkreten Fallbeispielen ist es ein kontinuierlicher Leitfaden, um dem Leser, der bereits internationale Erfahrung hat, in speziellen Situationen weiterzuhelfen oder auch bestimmte Verhaltensweisen stärker zu verdeutlichen.

Das Buch dient als praktischer Ratgeber in konkreten Verhandlungs-, Kommunikations- und Arbeitssituationen im internationalen Umfeld. Diesbezüglich soll es als Denkanreger und „Appetizer" fungieren, ohne für jeden Einzelnen ein Patentrezept liefern zu können. Kommunikation, vor allem, wenn sie auf internationalem Parkett vonstatten geht, ist keine empirische Wissenschaft. Sie basiert auf Erfahrung und Begegnungen mit Individuen, die, auch wenn sie aus der gleichen Kultur stammen, oft aufgrund von Sozialisation, Individualität und anderer Gründe unterschiedlich sein können. Dementsprechend gibt es bei internationaler Kommunikation und damit auch beim internationalen Geschäftemachen im Gegensatz zur Mathematik keine endgültige Wahrheit. Eins plus eins muss nicht zwangsläufig zwei sein. Es kann genauso, je nach Erfahrung, 1,9 oder 2,1 sein. Dies macht solche Erfahrungen so einzigartig und interessant.

Sofern Ihnen das Buch als Impulsgeber hilft, mit viel Energie und beträchtlicher Flexibilität das internationale Geschäft aufzubauen oder auszuweiten, hat es seinen Zweck erfüllt. Ich wünsche Ihnen viel Erfolg dabei.

Die Idee zu diesem Buch hatte viele geistige Urheber. Ohne die Denkansätze von Frau Cornelia Fach-Petersen wäre es nie dazu gekommen. Im gleichen Zusammenhang möchte ich die Hilfe der Handelsblatt.com-Redaktion, insbesondere von den Herren Thorsten Giersch und Sven Scheffler, erwähnen. Darüber hinaus haben alle Co-Autoren mit ihren Artikeln einen äußerst wertvollen und kreativen Beitrag zum Buch geleistet.

Das Buch basiert jedoch nicht nur auf einem Konzept, sondern vor allem auf einer gewissenhaften Ausführung. Hier gilt mein besonderer Dank Frau Mariette de Vette, ohne deren wertvolle und nachhaltige Hilfe das Buch nicht zustande gekommen wäre. Die Endredaktion lag bei Frau Alena Friedrich und Herrn Jürgen Fischer. Auch ihnen danke ich sehr.

Leipzig, im September 2010, *Sergey Frank*

Teil 1: Internationale Kommunikation und Strategie

Die Rollen eines internationalen Managers

Sergey Frank

Die kulturellen Differenzen sind sprichwörtlich ein Fass ohne Boden. Ein einfaches Beispiel veranschaulicht die Dimensionen des Phänomens: Die Europäische Union umfasst in ihrer Fläche weit unter 5 % der gesamten Erdoberfläche (Land). Selbst innerhalb dieses winzigen Stücks Erde werden viele vermeidbare Fehler begangen, die auf kulturellen Missverständnissen beruhen. Leider finden viele Geschäfte in einem wenig kosmopolitischen Umfeld statt. Die meisten Manager werden in hochspezialisierten Berufsfeldern nach fachlichen Qualifikationen ausgewählt. Sie üben ihren Beruf mit viel Fachwissen, aber geringem kulturellem Hintergrundwissen aus, was die Ursache für viele Probleme ist.

> Erliegen Sie nicht dem Fehler zu glauben, mit Englisch käme man überall weiter! Natürlich ist Englisch die einzig wirklich globale Sprache. In der Realität prallen jedoch häufig gegensätzliche Mentalitäten aufeinander. Es wird zwar auf Englisch kommuniziert, aber man spricht letztlich nicht die gleiche Sprache. Für einen Einsatz im Ausland kann das Beherrschen der Landessprache gar nicht hoch genug eingeschätzt werden. Bruchstückhafte Kenntnisse der Sprache reichen vielleicht aus, um z. B. die Atmosphäre zu verbessern. Man sollte sich aber nichts vormachen: Es sind die kleinen Nuancen in der Kommunikation, die den Erfolg bzw. Misserfolg einer internationalen Aufgabe ausmachen.

Üblicherweise kennt man von einer fremden Kultur nur wenige Aspekte, während die wesentlichen Einflussfaktoren bei bloßer Betrachtung unsichtbar sind und erst bei intensiver Auseinandersetzung nach und nach zum Vorschein kommen. Um erfolgreich interkulturell verhandeln zu können, reicht es nicht, die Spitze des Eisbergs zu kennen, sondern es sind vor allem die verborgenen Elemente, die die fremde Kultur ausmachen und die verstanden werden müssen.

Beim Business im internationalen Kontext benötigen Sie daher Fingerspitzengefühl. Setzen Sie nichts als selbstverständlich voraus, indem Sie Ihr eigenes (kulturell geprägtes) Verständnis der Situation auf die anderen Gesprächsteilnehmer übertragen. Versuchen Sie, die Situation unabhängig von der eigenen Wahrnehmung und Wertung oder sogar aus der Sicht der anderen Seite zu sehen.

Wenn Sie diese Tatsache berücksichtigen und die Mentalität und den Hintergrund des Partners kennen, können Sie Fehler wie den von Peter H. im folgenden Beispiel vermeiden.

Fallbeispiel
Peter H. ist Verhandlungsführer eines deutschen Anlagenbauers und verhandelt über eine Kooperation mit russischen Vertretern. Die Verhandlungen laufen durchaus angenehm und freundlich, und Peter H. spricht wie gewohnt sehr stark verfahrensorientiert über die nächsten Schritte zur Konkretisierung der Kooperation. Da die russische Seite nicht widerspricht, geht Peter H. davon aus, dass alle Schritte wie abgestimmt von beiden Seiten zeitgemäß erfüllt werden.

Das Erwachen kommt nach zwei Monaten, als er nach eigenem Nachfragen erfährt, dass die russische Seite die verschiedenen Schritte nicht oder nicht wie vereinbart abgearbeitet hat. Die Verzögerungen und Unterlassungen werden von russischer Seite nach Rückfrage auf unerwartet eingetretene Umstände zurückgeführt. Dieser Umstand wurde erst durch Nachfragen von deutscher Seite erklärt; die russische Seite hätte von sich aus die Verzögerungen wohl nicht angesprochen.

Peter H. lässt hier völlig außer Acht, dass seine russischen Kollegen die Situation möglicherweise anders wahrnehmen. Er geht davon aus, dass sie seinem verfahrensorientierten Vortrag folgen, ohne zu berücksichtigen, dass in Osteuropa kaum Prozess-, aber dafür eine starke Personenorientierung besteht. Den fehlenden Widerspruch der Russen interpretiert Peter H. als Zustimmung, obwohl aus der Sicht des Kooperationspartners noch gar nichts entschieden war. Letztlich geht Peter H. davon aus, dass seine Partner ihn über unplanmäßige Ereignisse informieren werden. Dabei vergisst er, dass in Osteuropa eine ausgeprägte Kultur der Gesichtswahrung herrscht, die das Verschweigen oder Beschönigen negativer Ereignisse mit sich bringt. Wäre Peter H. besser auf die kulturellen Eigenheiten im Land seines Kooperationspartners vorbereitet gewesen, hätte es zu dieser Situation nicht kommen müssen.

Selbsttest: Wie interkulturell kompetent sind Sie?

Nachdem jetzt reichlich über interkulturelles Verständnis als Grundlage erfolgreichen Verhandelns auf internationaler Ebene gesprochen wurde, stellt sich die Frage, wie stark Ihre interkulturellen Kompetenzen individuell ausgeprägt sind. Der folgende Selbsttest liefert kein Punktesystem, das Ihnen erlaubt, Ihre Kompetenzen auf einer Skala einzuordnen (obwohl derartige Tests auf Basis von Selbsteinschätzungen durchaus angewendet werden). Es geht vielmehr um eine Sensibilisierung für die verschiedenen Dimensionen interkultureller Kompetenz.

- Sachkompetenz

  Wie gut kennen Sie sich mit Ihrer eigenen Kultur aus? Sind Sie sich der geltenden Werte und Normen bewusst? Welche Rolle spielen hier z. B. die Politik, die Kirche, die soziale Herkunft von Menschen oder das Geschlecht? Kennen Sie sich auch in Ihrem Zielland aus? Welche Werte und Normen gelten dort? Welchen geschichtlichen Hintergrund hat das Land und welche Rolle spielt es heute? Was sind die wesentlichen Merkmale des Landes? Machen Sie eine Aufstellung der wichtigsten Geschäftsmerkmale Ihres Heimatlandes und ordnen Sie diese nach ihrer Wichtigkeit von 1 bis 10. Versuchen Sie zu überprüfen, wieviel Gültigkeit und welchen Zahlenwert diese Eigenheiten in Ihrem Zielland hätten.

- Sozialkompetenz

  Wie bewerten Sie Ihren eigenen Umgang mit Stress? Sind Sie in der Lage, Konflikte in Interaktion oder Kommunikation gemäß den kulturellen Erwartungen im Zielland zu lösen? Wie ist Ihr persönliches Empfinden für das Zielland? Mögen Sie das Land oder die Leute, oder sind Sie ihnen gegenüber eher negativ eingestellt?

- Selbstkompetenz

  Kennen Sie die Paradigmen, die Ihre Weltsicht bestimmen? Welche davon sind kulturell bedingt, welche z. B. durch subkulturelle Faktoren wie Ihr Elternhaus oder Ihre Bildung? Wie beeinflussen diese Faktoren Ihr Selbstverständnis?

- Handlungskompetenz
  Versuchen Sie, Ihre Kultur distanziert zu betrachten und zu analysieren. Gelingt es Ihnen, eine unabhängige Perspektive einzunehmen? Welche Ergebnisse bringt die Analyse der Kultur in Ihrem Zielland? Helfen Ihnen die Ergebnisse, um die Begegnung mit dieser Kultur bewusst zu gestalten?

Abschließende Hinweise

- Jedes Land hat wirtschaftliche, soziale und kulturelle Besonderheiten, die bei geschäftlichen Beziehungen und beim Geschäftemachen beachtet werden müssen.
- Auch wenn sich die Kulturen einander vermeintlich nähern und technische Hilfsmittel wie das Internet die Kommunikation erheblich erleichtern, sind alle Beteiligten auch durch kulturspezifische Merkmale geprägt.
- Instinktives Verhandeln „aus dem Bauch heraus" kann erfolgreich sein, aber man sollte sich der Situation und der eigenen Strategie und ihrer Wirkung auf die andere Seite bewusst werden.
- Nonverbale Kommunikation ist ein entscheidender Faktor beim Geschäftemachen, da sie die Atmosphäre stark beeinflusst.
- Ein internationaler Manager muss verschiedene Funktionen erfüllen, die stark von seinen kulturellen Kompetenzen abhängig sind. Er ist Entwerfer, Kommunikator, Überzeuger, Problemlöser, Koordinator und Ermöglicher.
- Englisch als Weltsprache hilft nicht immer weiter. Oft spielen Nuancen eine Rolle, die nur in der Muttersprache kommuniziert und verstanden werden können.
- Vermeiden Sie es, Ihre individuelle Wahrnehmung der Situation auf Ihre Partner zu übertragen. Jeder Teilnehmer hat seine eigene, kulturell geprägte Sichtweise auf den Prozess.

Internationaler Erfolg in kleinen Schritten

Sergey Frank

Die folgenden Überlegungen zum Thema Internationalisierung fokussieren sich vornehmlich auf mittelständische Unternehmen, die mit einem ersten oder auch zweiten Schritt ins Ausland gehen wollen. Dort sind finanzielle und Managementressourcen beschränkt, sodass ein vorsichtiger Ansatz – Schritt für Schritt – angemessen ist. Großunternehmen, die bereits stark internationalisiert sind, können oft durch globale Synergien und insbesondere auch Skaleneffekte profitieren. Dort ist vor allem auch das Risiko einer finanziellen Investition im Ausland nicht so relevant wie für viele Mittelständler.

Fallbeispiel

Die Firma Holtzmann GmbH (der Name ist fiktiv, jegliche Ähnlichkeiten mit existierenden Unternehmen sind rein zufällig) ist ein mittelständisches Unternehmen, das sich erfolgreich mit der Herstellung und dem Aufbau elektronischer Wasserpumpen beschäftigt. Bisher war sie hauptsächlich auf dem deutschen und auf dem westeuropäischen Markt tätig.

Die Produkte der Firma Holtzmann bedürfen eines intensiven technischen Kundendienstes. Das Unternehmen scheute sich daher davor, Wasserpumpen in ferne Exportmärkte zu liefern, die sich aus Deutschland nicht mehr mit technischem Kundendienst bedienen lassen. Auf der anderen Seite sieht die Firma aufgrund ihrer neuen Technologie ein enormes Potenzial bei elektronischen Wasserpumpen in Ländern wie z. B. Australien oder dem Mittleren Osten. Dort besteht ein starker Bedarf an Wasserpumpen dieser neuen Bauart.

Das Management des Unternehmens ist sich auf der einen Seite bewusst, dass Deutschland als Heimmarkt sowie die bestehenden Exportmärkte in Europa seit Jahren bereits stagnieren und auf längere Sicht nicht den Umsatz und Deckungsbeitrag bringen, der angesichts immer höherer Lohn- und Lohnnebenkosten notwendig ist, um das Unternehmen rentabel zu halten. Auf der anderen Seite wollen die Anteilseigner der Firma Holtzmann, hauptsächlich Mitglieder der Familie Holtzmann, keine großen finanziellen und sonstigen Wagnisse eingehen, die auch aufgrund großer geographischer Entfernungen nicht vollkommen überschaubar sind.

Strategie

Welche Strategie sollte das Management der Firma Holtzmann mit diesen Vorgaben und Prioritäten wählen?
Kaum ein Unternehmen startet im Ausland sofort mit einer geeigneten Mischung aus Produkten, Marktauftritt und Kommunikation. Deshalb wäre eine strategische Marktforschung als erster Schritt wesentlich:
Zunächst einmal wäre zu eruieren, wie lange und wie stark der bestehende Heimmarkt in Deutschland und den angrenzenden Ländern bleibt. Die Antwort darauf ergibt die Zeitspanne zum Reagieren, und das Reagieren im Sinne einer Marktverlagerung in das Ausland erscheint hier unumgänglich. Nur wird hier viel darauf ankommen, auf welche Weise eine Internationalisierung betrieben werden soll.
Wie eingangs angedeutet, benötigen die Produkte der Firma Holtzmann einen starken und intensiven technischen Kundendienst. Deshalb kommt ein klassisches Exportgeschäft nicht in Betracht. Auf der anderen Seite scheidet die Akquisition eines bestehenden Wettbewerbers etwa in Australien, in Fernost oder im Mittleren Osten wohl aufgrund der nur begrenzt zur Verfügung stehenden finanziellen Mittel aus.

Konkretisierende Schritte

Die Strategie sollte in diesem Fall vielmehr auf eine Kooperation mit einem Unternehmen vor Ort, das technischen Service ähnlicher oder gleicher Art anbietet, abzielen. Eine derartige Kooperation wäre in mehreren kleinen, aufeinander aufbauenden Schritten denkbar:
Zunächst sollte man eine möglichst genaue Analyse des Standortes machen. Hier helfen auch die einzelnen deutschen Handelskammern vor Ort. Zumindest können diese auf ein lokales Netzwerk und einschlägige Messen verweisen. Eine erste Checkliste sollte folgende grundlegenden Themen beinhalten:
- Was ist der Sinn des spezifischen Auslandsengagements (Vertrieb, Produktion, Kooperation)?
- Ist eine spezifische Marktuntersuchung erfolgt, insbesondere hinsichtlich der Frage, ob der Markt Ihr Produkt braucht?

- Welche Wettbewerber mit vergleichbaren Produkten sind auf dem Markt (ausländische/inländische)?
- Wie sieht die Preispolitik im Einzelnen aus?
- Gibt es Eintrittsschwellen, wie ist die Zollpolitik?
- Was charakterisiert Logistik und Distribution?
- Welche Vorstellungen haben Sie zu Managementzeit und -ressourcen?
- Wie sehen Ihr Zeitfahrplan und die notwendigen Meilensteine dazu aus?
- Besteht eine Prozess- oder eher eine Personenorientierung im Zielland?
- Planen Sie, einen „Internationalisierungsverantwortlichen" oder Projektmanager für das Gesamtprojekt zu ernennen?

Implementierungsschritte

Danach gehen die richtige strategische Analyse und ihre Implementierung erst richtig los:
Wie sollte die Kooperation aussehen? Vorausgesetzt, man findet mithilfe von bestehenden Kontakten, Internetrecherchen, Handelskammern, Fachzeitschriften oder Fachmessen einschlägige Unternehmen, die vor Ort an einer Kooperation interessiert sind, wären jetzt die möglichen Optionen einer Kooperation zu erarbeiten.

Handelsvertreter oder Importeur

Der geringste Grad einer Zusammenarbeit wäre die folgende Variante: Der Partner wird lediglich als Handelsvertreter oder Importeur, auch Distributeur genannt, für Holtzmann vor Ort tätig und übt über die reine Verkaufstätigkeit auch den technischen Service vor Ort aus. Diese Art der Zusammenarbeit bedeutet für Holtzmann, den Partner in die Produkte und die Art der Bearbeitung des technischen Kundendienstes einzuweisen.
Ein Problem bei der Ernennung einer solchen dritten Partei, die für den Vertrieb verantwortlich ist, liegt in der Exklusivität. Vergibt man zum Beispiel einem Distributeur Exklusivität für ein definiertes Land, kann das Risiko bestehen, dass der Distributeur bei Misserfolg das Gebiet „besetzt" und dass man dort keinen direkten Umsatz machen kann. Demzufolge bietet es sich an, eine ausschließliche Lizenz an einen festgelegten Mindestumsatz,

gestaffelt nach Jahren, zu binden. Sollte der Mindestumsatz nicht erreicht werden, kann der Vertrag für die Firma Holtzmann ein Kündigungsrecht vorsehen. Dies gewährt dem Unternehmen eine gewisse Sicherheit und dem Distributeur einen definierten Schutz nach Maßgabe der definierten Mindestumsätze.

Knowhow-Transfer

Möglicherweise schließen beide Parteien auch einen Knowhow-Vertrag über die Art und Weise der Durchführung des technischen Kundendienstes ab. Zusammenfassend lässt sich sagen, dass das Ausmaß des Engagements durch das Personal und Management von Holtzmann in dieser Variante relativ gering bleibt. Auch die Kosten, abgesehen von den Transportkosten, halten sich in Grenzen.

Weitergehende Kooperationen

Ein nächster Schritt zu einer etwas intensiveren Kooperation wäre die Überlegung, über den Vertrieb und den technischen Kundendienst hinaus die teilweise oder gesamte Herstellung der Wasserpumpen vor Ort zu betreiben. Als Form der Zusammenarbeit käme entweder eine Auftragsfertigung oder das Joint Venture in Betracht:

- Auftragsfertigung (Off-Take-Agreement)

  Da die Geschäftsführung der Holtzmann GmbH unter der Vorgabe der Risikominimierung agiert, bietet sich zunächst eine Auftragsfertigung durch den lokalen Partner an: Nachdem sich dieser für einige Zeit durch einen zuverlässigen Vertrieb und insbesondere durch einen qualitativ guten technischen Service als zuverlässiger und vertrauensvoller Partner in der Kooperation erwiesen hat, kann man im Rahmen einer Auftragsfertigung vereinbaren, dass der Partner die Wasserpumpen komplettiert, teilweise oder sogar insgesamt mit dem Warenzeichen der Firma Holtzmann fertigt und die Produkte dann für die Firma Holtzmann vertreibt. In diesem Fall ist insbesondere in der Anfangsphase ein stärkeres Engagement von Seiten der Firma Holtzmann notwendig. Möglicherweise müssen ein oder mehrere technische Experten vor Ort tätig werden. Zum anderen wird der Partner auf garantierte Abnahmemengen durch die Firma Holtzmann drängen.

- Eigenes Unternehmen oder Joint Venture?

  Sollte sich diese Art der Zusammenarbeit nach einiger Zeit als sinnvoll erweisen, wäre es an der Zeit, über eine noch stärkere Bindung zu sprechen, das heißt beispielsweise über die Bildung einer eigenständigen Produktions-, Vertriebs- und Servicegesellschaft. Vorteil hier ist die Selbstständigkeit, ein erheblicher Nachteil liegt in dem finanziellen Risiko, das man alleine eingeht.

  Hier kann die Bildung eines Joint Ventures das Risiko erheblich reduzieren. Essenziell ist dabei die Wahl des Partners in personeller und strategischer Hinsicht: Passen beide Unternehmen von der Unternehmenskultur und Chemie zusammen? Und noch wesentlicher: Passt das Zusammengehen strategisch für beide Partner, um sich auch mittelfristig zu binden? Ansonsten kann es so gehen, dass der westliche Joint-Venture-Partner seinem lokalen Partner, salopp ausgedrückt, „auf das Fahrrad hilft" und Letzterer sich dann entschließt, mit dem erhaltenen Knowhow allein weiterzufahren. Solche Beispiele sind häufig, können jedoch durch das sorgfältige Aussuchen des Partners erheblich minimiert werden.

Fazit

Leider gibt es kein Patentrezept für die richtige Internationalisierungsstrategie. Ein erfolgreicher Schritt ins Ausland ist beispielsweise auch von der Größe des Unternehmens abhängig. Wichtig ist vor allem, den Zeitfaktor für die Internationalisierung nicht zu unterschätzen und nicht alles nach deutschen Maßstäben zu beleuchten. Im Zweifelsfall kann es passieren, dass der gesamte Prozess dadurch noch länger dauert.

Neben dem Zeitfaktor hängt der Erfolg auch von folgenden Kriterien ab:
- realistische Meilensteine,
- gutes internes Projektmanagement,
- effiziente, verständliche Kommunikation mit den Vertriebs- und anderen Partnern im Ausland sowie
- Geduld und zusätzliche Energie und Motivation, die Internationalisierung zu implementieren.

Wenn diese Faktoren gegeben sind, besteht eine gute Wahrscheinlichkeit, dass der Schritt ins Ausland Erfolg hat und damit zu einem wichtigen Meilenstein in der Unternehmensentwicklung wird.

Wie Ihnen Präsentationen auf Englisch gelingen

Sergey Frank

Im Rahmen der fortschreitenden Internationalisierung sehen sich Manager des Öfteren vor die Aufgabe gestellt, vor ausländischen Adressaten zu präsentieren. Dies ist nicht immer so einfach und birgt Risiken und Fallen. Deshalb werden wir im Folgenden auf beachtenswerte Aspekte rund um dieses Thema eingehen.
Oft ist es notwendig, im Rahmen eines internationalen Projekts bestimmte Aspekte oder auch das Gesamtprojekt darzustellen. Häufig geschieht dies auf Englisch. Es taucht dabei die Kernfrage auf, ob Englisch als Muttersprache oder als Fremdsprache benutzt wird.

English as Mothertongue

Selbst wenn Englisch als Fremdsprache gesprochen wird, muss dies nicht unbedingt ein Nachteil sein – man sollte die Präsentation auf Englisch eher als eine Art zusätzliche Herausforderung sehen und deshalb nicht nervöser werden als notwendig. Und es gilt in diesem Zusammenhang auch das Argument der Gegenseitigkeit, der Reziprozität: Sofern Sie z. B. vor Amerikanern auf Englisch präsentieren, hilft häufig eine Bemerkung am Anfang, dass Englisch nicht Ihre Muttersprache ist („Please pardon my English"). Die Adressaten werden mehr als froh sein, dass Sie Englisch mit ihnen reden und sie sich nicht auf eine Fremdsprache, das heißt in diesem Fall Deutsch, umstellen müssen.

> Hier ist einiges im Vorfeld zu bedenken: Sollte z. B. die Präsentationssprache vor allem für die Zuhörer eine Fremdsprache sein, ist die Aufnahmefähigkeit häufig noch begrenzter als normal. Verfahren Sie dann in Ihren schriftlichen Präsentationsunterlagen umso mehr nach dem Motto „Keep it short and simple" – abgekürzt auch als „KISS" bekannt –, das heißt kurze Aussagen, häufig ohne Verben, eher plakativ. Ihre mündlichen Ausführungen ergänzen den Inhalt der Präsentation. Sie lesen deshalb den Präsentationstext nicht einfach vor, sondern ergänzen und kommentieren mündlich die schriftlichen Kernaussagen.

In Deutschland fokussiert man gewöhnlich im Rahmen einer Präsentation auf den Inhalt, das heißt auf detaillierte Darstellungen mit professioneller Technik, wohingegen in den USA neben der Hauptbotschaft der Präsentation die Betonung stärker auf die Adressaten abstellt und auch kleine Show-Effekte beinhalten kann. Humor spielt auch eine Rolle, oft fängt man in den USA eine Präsentation mit einer Anekdote an. In Russland und China hingegen legt man eher Wert auf Nüchternheit und eine Akkumulation an Fakten. Sofern im Adressatenkreis wenig Englisch verstanden wird, sollte man die Präsentation zwar auf Englisch vortragen, doch zumindest die Dokumentation, die man vorab verteilt („handout documentation"), auch in der lokalen Sprache verfassen.

Humor ernst nehmen

Humor kann, muss aber nicht unbedingt eine Rolle spielen. Man sollte mit der Verwendung von Anekdoten vorsichtig sein: Die Fettnäpfchen, in die man durch unbedachte Äußerungen treten kann, sind zahlreich. Häufig erlebt man, dass unangemessene Witze über die Situation im Lande des Gastes gemacht wurden, ohne zuvor die Einstellung des Gastgebers hierzu herausgefunden zu haben. Dann ist Humor kein „Eisbrecher", sondern im Gegenteil: Er wirkt peinlich.

Beispiel: Optimist oder Pessimist?
Humor stellt auch ein Sinnbild über die allgemeine Situation im Land dar. Wenn man einen Deutschen und einen Russen fragt: „Was ist der Unterschied zwischen einem Optimisten und einem Pessimisten?", wird der Deutsche das bekannte Beispiel des für einen Optimisten halbvollen und für einen Pessimisten halbleeren Glases anführen. Der Russe hingegen wird das Ganze eher philosophisch betrachten. Nach seiner Intrepretation wird der Pessimist sagen: „Die Situation ist so schlecht, schlechter kann sie nicht werden." Wohingegen der Optimist antwortet: „Doch, sie kann."

Nervosität sollte Sie nicht nervös machen

Wer gut vorbereitet in eine Präsentation geht, hat ein deutlich gesteigertes Selbstbewusstsein, was sich positiv auf den bevorstehenden Vortrag auswirkt. Oft bietet es sich bei wichtigen Reden an, diese vorher laut zu üben, um das richtige Gefühl für Sprechrhythmus, Betonung, Pausen und vor allem für das zur Verfügung stehende Zeitbudget zu entwickeln.

Bitte nicht vergessen: Werden Sie nicht nervös aufgrund der Tatsache, dass Sie aufgeregt sind. Nervosität ist etwas ganz Normales und keine Schwäche. Trinken Sie ein Glas kaltes Wasser. Das reduziert die Nervosität, da automatisch die Energie aus dem Kopf in den Bauch geht, um die Kälte zu erwärmen. Vermeiden Sie zu viel Kaffee.

Bei Vorträgen ist darauf zu achten, den Kontakt zu den Zuhörern aufrechtzuerhalten. Dies hat gleich zwei positive Aspekte: Zum Ersten, die Zuhörer fühlen sich direkt angesprochen und eingebunden, was die Konzentration und Aufnahmefähigkeit steigert. Zum Zweiten, die Gefahr des „Tunnelblicks" beim Vortragenden besteht nicht.

„Ein Bild sagt mehr als 1000 Worte." Bedienen Sie sich beim internationalen Präsentieren dieser Technik. Visualisierungen helfen den Zuhörern, Ihre Informationen besser zu verarbeiten, und sie ersparen Ihnen komplizierte Beschreibungen.

Der Gesamtzusammenhang

Im Folgenden sehen Sie, dass die einzelne Präsentation eng in den Vertrag bzw. das Projekt eingebettet ist, dass sie zudem vor Vertragsabschluss eine wesentliche Rolle im Verhandlungsprozess spielt und auch in der Implementierung des Projekts immer wieder relevant wird.

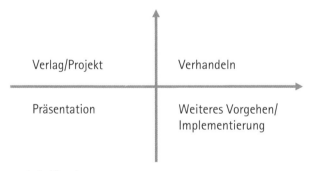

Abbildung 1: Das magische Viereck

Wenn wir uns jetzt den Aufbau der Präsentation näher anschauen, dann sind folgende Aspekte hauptsächlich zu beachten:

Einführung und Überblick

Führen Sie Ihre Zuhörer am Anfang durch Ihre Präsentation und geben Sie einen kurzen Überblick, umreißen Sie zusammengefasst 3 bis 4 Kernaussagen der Präsentation und stellen Sie kurz einige Details oder Beispiele unter jeder der Kernaussagen dar.

Zweck der Präsentation

Beschreiben Sie den Status Quo („Wo sind wir?"). Definieren Sie das geplante Ziel („Wo wollen wir hin?") und umreißen Sie mögliche Wege dahin, einschließlich aller Vor- und Nachteile („Auf welchen Wegen können wir dorthin kommen?"). Geben Sie am Ende eine Empfehlung für eine der aufgeführten Optionen.

Legen Sie mögliche Umstände dar, die ein Erreichen des Ziels verhindern können. Gewichten Sie die Faktoren nach ihrer Bedeutung und Dringlichkeit (oder wie die Amerikaner sagen: „First things first").

Auf dem Weg zum Ziel sollten Sie die Informationen in Kernaussagen und Zusatzinformationen aufteilen. Erklären Sie Ihre Kernaussagen. Gestalten Sie dabei die Information für den Zuhörer interessant und nachvollziehbar, insbesondere auch mit Beispielen. Verlieren Sie sich nicht in zu vielen Einzelheiten, diese können im Einzelfall in der Diskussion besprochen werden (Vogelperspektive).

Zeitbudget und Interaktion mit den Adressaten

Beschreiben Sie das allgemeine Format der Präsentation und verweisen Sie auf ihre Länge sowie auf die Frage, ob Sie auf Zwischen- oder Verständnisfragen während der Präsentation oder am Ende eingehen wollen. Bei längeren und komplexen Sachverhalten bietet es sich an, auf eine Diskussion zum Schluss zu verweisen.

Weiteres Vorgehen – das Follow-up

- Empfehlen Sie das weitere Vorgehen, indem Sie Meilensteine vorschlagen: Wer? Wann? Mit wem? Auf welche Weise? Wer ist für die Einhaltung der Meilensteine verantwortlich?
- Die Nachbereitung einer Präsentation sollte unter strategischen und unter praktischen Gesichtspunkten erfolgen. Während die strategische Nachbereitung im Wesentlichen eine Selbstreflexion darstellt, geht es bei der praktischen Nachbereitung um die Organisation der Implementierung von Präsentationsergebnissen.
- Und hier liegt oft die größte Gefahr: Nach einer guten Präsentation sind sich alle über die Inhalte einig, aber es fehlt häufig jemand, der dann die einzelnen Schritte im Detail vorantreibt. Damit stirbt die beste Präsentation in Schönheit. Hier ist es wichtig, die interkulturellen Regeln der Kommunikation zu beachten und vielleicht „nicht zu hart" aufzutreten, aber gleichzeitig mit Konsistenz die vereinbarten Ziele zu verfolgen und bei den Adressaten auch mit gebotenem Geschick einzufordern.
- Bei der praktischen Nachbereitung ist es wichtig, realistische und zeitnahe Meilensteine zu definieren. Kulturelle Eigenheiten der Verhandlungspartner außer Acht zu lassen, kann zu falsch gesetzten Meilensteinen und damit zu erheblichen Problemen in der Abwicklung führen.

Der Vortragende oder ein zu benennender Dritter ist Organisator, Kontrolleur und bei Bedarf auch eine Art Krisenmanager für den Implementierungsprozess derjenigen Punkte, die aufgrund der Präsentation beschlossen worden sind.

Das Ende der Präsentation

Bitte beenden Sie die Präsentation mit einer Zusammenfassung und mit einem guten Argument. Dies bleibt meist im Gedächtnis der Zuhörer. Und vergessen Sie nicht, dass die Konzentrationsfähigkeit Ihrer Zuhörer begrenzt ist, insbesondere bei Präsentationen in einer Fremdsprache! Im folgenden Schaubild sind noch einmal alle wesentlichen Faktoren, die Sie bei internationalen Präsentationen beachten sollten, zusammengefasst:

Teil 1: Internationale Kommunikation und Strategie

Abbildung 2: International Präsentieren klar gemacht

Außerdem sollten Sie folgende Aspekte nicht vergessen:
- Klarheit Ihrer Darstellung, insbesondere auch im Hinblick auf den Aufbau Ihrer Präsentation,
- eine verständliche Sprache sowie
- die gebotene Kürze der Darstellung.

Sie werden Ihnen helfen, erfolgreich und insbesondere für den Adressaten verständlich international zu präsentieren und die aus der Präsentation hervorgegangenen Schlussfolgerungen effektiv zu implementieren.

Der richtige Umgang mit Dolmetschern

Sergey Frank

Verhandlungen sind schwierig. Oft erfordern sie Spezialwissen, um bestimmte Streitpunkte überwinden zu helfen. Beispiele hierfür sind komplexe Steuerfragen bei Firmenübernahmen, die die Hinzuziehung von Steuer- und Bilanzexperten oder den Kontakt mit internationalen wie staatlichen Behörden erforderlich werden lassen. Die Genehmigungsverfahren der europäischen Kartellbehörde in Brüssel z. B. sind ohne spezialisierte Anwälte für Kartellrecht nicht zu bestehen.
Viele Kooperationen im technischen Bereich wie der Austausch von Knowhow und Patenten erfordern den fachlichen Rat von Patentanwälten. Die Liste an Spezialisten kann sehr lang werden. Dabei ist eine Frage entscheidend: Wie kann man das Wissen solcher Experten in Verhandlungen einbringen und effektiv umsetzen, auch in Anbetracht der nicht unerheblichen Beratungskosten? Es scheint sehr angebracht, solche Rollen im Vorfeld einer Verhandlung exakt zu definieren.

Wer ist Spezialist?

Normalerweise werden Fachleute in internationalen Verhandlungen nur in die jeweils relevanten Teilprozesse involviert und sind meist keine ständigen Mitglieder des Teams. In diesem Fall beschäftigen sie sich ausschließlich mit der Lösung spezieller Fachfragen, die im Laufe der Verhandlungen auftreten. Sollten sie doch zum festen Verhandlungsstab gehören, obliegen ihnen wichtige unterstützende Aufgaben, die den Kommunikationsprozess fördern, z. B. als Dolmetscher.
Die professionelle Expertise von Spezialisten muss nicht notwendigerweise nur von einer Partei genutzt werden: Ein Schiedsmann, Schlichter oder Vertrauensmann kann durchaus beiden Seiten von Nutzen sein, wenn man sich über dessen Neutralität und Problemlösungskompetenz einig ist.

> Bevor man einen Spezialisten einschaltet, sollte man Folgendes bedenken: Die fachliche Expertise ist selbstverständlich unabdingbar; er oder sie sollte aber grundsätzlich auch über fundiertes Wissen und Erfahrung im geschäftlichen Bereich verfügen. Andernfalls reden Sie unter Umständen zwar mit hochspezialisierten Akademikern, die jedoch vom eigentlichen Ablauf solcher Verhandlungen nichts verstehen und sich in Spitzfindigkeiten verlieren. Darüber hinaus sollten Fachleute – auch aus Kostengründen – sehr restriktiv eingesetzt und nicht planlos am gesamten Prozess beteiligt werden.

Das trifft nicht nur für Dolmetscher zu, auf die ich später noch zu sprechen komme.

Es ist durchaus sinnvoll, einen Verhandlungspunkt, der den Einsatz von Spezialisten erfordert, vom restlichen Prozess abzutrennen und separat zu behandeln. Die Entscheidung zur Separation von Teilprozessen in internationalen Verhandlungen und zur Hinzuziehung von Experten sollte der Führer des Verhandlungsteams fällen, genau wie die Auswahl der Team-Mitglieder und der eventuell notwendigen Dolmetscher.

Dolmetscher in internationalen Verhandlungen

Die meisten internationalen Verhandlungen haben mit sehr komplexen Problemstellungen zu tun. Diese werden durch die höchst unterschiedliche Herkunft und Kultur der Verhandlungsteilnehmer oft noch verkompliziert. Nicht selten haben beide Parteien keine gemeinsame sprachliche Verständigungsbasis und müssen einen oder mehrere Dolmetscher bemühen. Es existiert generell keine sichere Strategie, wie man derartige Verhandlungen im Einzelfall erfolgreich durchführt, aber es gibt einige Prinzipien und Verhaltensweisen, die dabei durchaus hilfreich sein können. Abgesehen davon, dass verschiedenartige kulturelle Hintergründe naturgemäß zu grundlegend verschiedenen Verhandlungsansätzen führen, spielt die Frage der Kommunikation eine große Rolle.

The language used in negotiations

Wenn beide Parteien Englisch sprechen, besteht leicht die Gefahr von Missverständnissen. Zum Beispiel wird der Ausdruck „Umsatz" in Großbritannien mit „turnover", in den USA jedoch mit „net sales" übersetzt. Die vollständige Liste solcher Unterschiede ist sehr lang und führt immer wieder zu eigentlich vermeidbaren Schwierigkeiten bei Verhandlungen.

Noch schwieriger wird es, wenn Sprachen aus völlig differenten Kulturräumen bedeutungsgerecht übersetzt werden sollen: Die im Englischen durchaus übliche negative Antwort „We are not giving any guarantees!" angemessen ins Japanische zu übersetzen, ist unmöglich. Eine solche, aus der westlichen, geradlinigen Verhandlungskultur entstandene Ausdrucksweise würde von japanischen Partnern nicht nur einfach nicht verstanden, sondern auch als hochgradige Beleidigung und somit als Gesichtsverlust eingestuft: Die Japaner kennen ungefähr 16 verschiedene Formulierungen einer abschlägigen Antwort, ohne jemals ein direktes „Nein" zu sagen.

Definitionen

Um ein Problem effektiv zu lösen oder wenigstens die Gefahr von Missverständnissen zu reduzieren, ist es wichtig, bei internationalen Verhandlungen die folgenden Punkte zu beachten:

- Schlüsselbegriffe, die innerhalb der Verhandlungen eine bedeutende Rolle spielen könnten, sollten im Vorfeld exakt definiert und mit dem Dolmetscher sowie der anderen Partei abgestimmt werden. Dies schließt insbesondere – aber nicht nur – Begriffe ein, die mit Gewinnen (vor/nach Steuern), Lizenzen, Niederlassungen oder Tochtergesellschaften zu tun haben. Wenn Probleme, die z. B. durch unterschiedliche Steuersysteme entstehen, durch Begriffsdefinitionen auch nicht gelöst werden, so werden sie zumindest deutlich sichtbar und können konkret angegangen werden.

- Außerdem tragen genau definierte Begriffe zum besseren gegenseitigen Verständnis und ggf. zur Entlastung des Dolmetschers bei, der ansonsten die Bedeutungen quasi erraten müsste. Beide Seiten wissen dann, wovon sie reden und können sich auch dem Dolmetscher verständlich machen, ohne befürchten zu müssen, dass ihr Anliegen den Adressaten in einem nicht intendierten Wortlaut erreicht. Darüber hinaus entwickeln die verhandelnden Parteien durch die fortwährende Benutzung dieser Schlüsselbegriffe eine gewisse Affinität zu diesen und stellen sie später nicht mehr grundsätzlich in Frage. Daher ist es den Aufwand sehr wohl wert, im Vorfeld so genau wie möglich zu arbeiten, wenn dadurch spätere Diskussionen erspart bleiben.

Hier noch eine kurze Begriffsklärung:
Ein Dolmetscher überträgt nur gesprochene Sprache in eine andere Sprache, ein Übersetzer hingegen beschäftigt sich ausschließlich mit der Schriftsprache. Daher kann es also den Begriff „Simultanübersetzer" nicht geben; „simultan" ist ausschließlich dem Dolmetschen vorbehalten. Ebenso „übersetzt" der Dolmetscher nicht, er „dolmetscht".

Empfehlungen zu Dolmetschern – Wer ist der Dolmetscher?

Die klassische Rolle des Dolmetschers besteht in der simultanen Übertragung des gesprochenen Wortes von einer Sprache in die andere, vorzugsweise mit technischem, kaufmännischem oder juristischem Fachvokabular. In diesem Fall ist er nichts weiter als ein Werkzeug im Verhandlungsprozess. Außer durch sein Simultandolmetschen hat er keinerlei Möglichkeit, auf die Gespräche weitergehenden Einfluss zu nehmen. Eine Ausnahme bilden lokale Agenten, die als Kontaktpersonen vor Ort sowohl den gesamten Prozess vorbereiten und begleiten als auch für die Simultanübersetzungen verantwortlich sind.

Eine andere Besonderheit sind zweisprachige Mitglieder des Teams, die neben ihrer Verhandlungstätigkeit auch noch die Rolle des Dolmetschers übernehmen. In jedem Fall ist es wichtig, die Rolle und den Einsatz des Dolmetschers vorher abzustimmen. Die Qualität der Kommunikation hängt stark von der Anzahl der eingesetzten Dolmetscher ab, weshalb hier „weniger mehr" ist. Wenn möglich, sollte man auf sie ganz verzichten, was aber nicht immer möglich sein wird. Dann kommt es darauf an, die Komplexität der Thematik zu reduzieren und den Kommunikationsfluss zu fördern, wobei folgende Grundregeln zu beherzigen sind:

- Verpflichten Sie einen Dolmetscher Ihres Vertrauens, der mit der Materie und den betreffenden Sprachen und Kulturen vertraut ist.
- Achten Sie bei den Verhandlungen auf einen höflichen Umgangston und regelmäßige Pausen, um dem Dolmetscher Gelegenheit zu geben, sich zu

erholen. Dies trägt erheblich zur Verbesserung des Verhandlungsklimas bei.
- Geschäftspraktiken unterscheiden sich von Land zu Land und von Kontinent zu Kontinent sehr stark. Dies gilt auch für die Rolle des Dolmetschers. Informieren Sie sich im Vorfeld, wie und wann im betreffenden Land ein solcher eingesetzt wird.
- Informieren Sie den Dolmetscher vor den Verhandlungen detailliert und lassen Sie ihn Einblick in die Agenda nehmen. Je intensiver die Vorbereitung, desto besser die Leistung.
- Sprechen Sie laut, deutlich und langsam. Vermeiden Sie überflüssige und ungebräuchliche Ausdrücke oder Dialekte sowie doppelte Verneinungen. Erklären Sie die wichtigsten Sachverhalte und Argumente immer auf zwei oder drei verschiedene Arten, damit Sie wirklich verstanden werden.
- Speziell auf Dolmetscher trifft zu, dass das menschliche Gehirn bei anhaltender Konzentration dazu tendiert, Details wegzulassen oder einfach zu vergessen. Sprechen Sie deshalb nie länger als eine, höchstens zwei Minuten und lassen Sie den Dolmetscher zwischenzeitlich übersetzen.
- Ein Konzept wird im Allgemeinen besser verstanden, wenn Sie es zusätzlich in schriftlicher und nicht nur in verbaler Form präsentieren. Lassen Sie den Dolmetscher deshalb bei der Präsentation Notizen machen und Fragen stellen, damit die wichtigsten Punkte und Ergebnisse später noch einmal in zusammengefasster Form verschriftlicht werden können.
- Eine Verschriftlichung sollte nach jeder Verhandlungsetappe sowie am Ende der Verhandlung erfolgen.
- Rechnen Sie mit möglichen Missverständnissen: Zum Beispiel entspricht das Wort „Milliarde" in Deutschland oder Frankreich im Englischen dem Wort „Billion". Lassen Sie den Dolmetscher solche Dinge klarstellen, jedoch nur unter Ihrer Anleitung.

Zusammenfassung

Die Arbeit eines Dolmetschers bei internationalen Verhandlungen ist normalerweise komplex und schwierig. Er/sie hat permanent sicherzustellen, dass beide Parteien verstehen und erkennen, was von der anderen Seite gesagt und gemeint worden ist, einschließlich aller zugrundeliegenden Konzepte und unterschwelligen Aussagen. Um Missverständnisse zu vermeiden, sollte man seine Aussagen so klar und einfach wie möglich formulieren. Zusätzlich erleichtern zwei Faktoren Verhandlungen erheblich: ein positives Klima und ausreichend Zeit für die Übersetzungen. Dies stellt sicher, dass die Informationen möglichst lücken- und fehlerlos transportiert werden. Andernfalls laufen beide Parteien Gefahr, sich nicht richtig zu verstehen, was sich in Zeitverlust und manchmal auch im Scheitern der gesamten Verhandlung auswirken kann. Selbst ein kurzes Coaching wirkt bei Anwälten, die auf internationalem Parkett verhandeln müssen, oft schon Wunder und zahlt sich binnen kürzester Zeit aus; nirgends kann in derart kurzen Zeiträumen soviel erreicht, aber auch soviel verloren werden wie in einer Verhandlung.

Wie Sie Verträge auf Englisch richtig aufsetzen

Sergey Frank

Englisch ist die Verhandlungs- und Vertragssprache weltweit. Englischsprachige Verträge sind jedoch lang und vielfach auch für Muttersprachler unverständlich. Gerade für Nichtjuristen kann es erhebliche Probleme im Umgang mit fremdsprachigen Verträgen geben.

Hochkomplex und lang

Aufgrund der Komplexität der Verträge bietet es sich an, einen darauf spezialisierten Juristen einzuschalten. Damit können unvorhergesehene Risiken verringert werden. Tatsächlich beschäftigen viele Unternehmen Juristen, die sich auf das angloamerikanische Vertragsrecht spezialisiert haben. Ansonsten bietet es sich an, einen entsprechend spezialisierten Rechtsanwalt einzuschalten.

Fallbeispiel
Peter H. ist Bereichsleiter für technische Kooperationen in einem Unternehmen aus der Automobilzuliefererindustrie. Nach dem Studium des Maschinenbaus begann er eine Tätigkeit als Projektleiter. In fünf Jahren vollzog er dort eine bemerkenswerte internationale Karriere mit Schwerpunkten in den USA, Mexiko und Russland. Peter H. musste der Internationalisierung Rechnung tragen und absolvierte neben einem „training on the job" einen zweimonatigen Englisch-Intensivkurs in den USA.
Heute bespricht er seine geplante USA-Reise mit seinem Vorgesetzten, insbesondere seinen Vorschlag eines neuen Aktivitätenumfangs für den amerikanischen Partner. Das Dokument ist in Form einer Absichtserklärung (Letter of Intent) gestaltet. Sein Vorgesetzter stellt Peter H. einige Fragen zu dem englischsprachigen Text, insbesondere zum Aufbau, zur Kasuistik, zur Struktur, zu den Definitionen und zur Länge. Dem Letter of Intent ist auch eine Geheimhaltungsvereinbarung (auf Englisch Non-Disclosure Agreement, Secrecy oder Confidentiality Agreement) beigefügt.
Peter H. wird klar, dass die Vereinbarungen, die von der Rechtsabteilung zusammen mit einem amerikanischen Anwalt vor Ort entwickelt worden sind, sich für

„juristische Laien" als relativ unverständlich darstellen. Im Übrigen sieht er die hohe Rechnung des amerikanischen Anwalts. Er fragt sich, ob man derartige Dokumente nicht einfacher konzipieren kann.

Grundsätzlich ist die Antwort auf die Frage von Peter H.: „Nein." Eine einfachere Gestaltung ist nicht möglich, da die Ursachen der Komplexität sehr grundlegender Natur sind: Die englische juristische Sprache ist veraltet und unverständlich, vor allem wegen vieler lateinischer und altfranzösischer Ausdrücke sowie der komplexen Syntax. Das System der Präzedenzfälle generiert unverständliche Ausdrücke in neuen Dokumenten (z. B. „including, but not limited to"). Althergebrachte Schreibstile verhindern, dass Juristen ihre Ausdrucksweise vereinfachen. Juristische Konzepte wie Absichtserklärung (Letter of Intent) oder die Lehre der Gegenleistung (Consideration) haben ein Eigenleben entwickelt und sind zu Synonymen für ganze Dokumente geworden.

Das Dokument kann Peter H. also nicht unbedingt beeinflussen. Er könnte jedoch seinen Umgang damit verändern: Noch im Entwicklungsprozess kann er sich von den juristischen Fachleuten, die das Dokument entwickeln, die Inhalte und Besonderheiten erläutern lassen. Die wesentlichen Vertragsaussagen könnte er dann durch farbliche Markierungen optisch darstellen, um sie seinem Vorgesetzten zu erläutern.

Vertragsentwürfe gut vorbereiten

Juristische Texte aus verschiedenen Ländern variieren sehr in Länge, Komplexität, Bedeutung und Konsequenz. Aus Angst vor Vertragsfallen durch falsche eigene Formulierungen übernehmen Juristen oft die traditionellen Vorgaben aus früheren Fällen. Diese sind häufig nicht eindeutig oder passen nicht hundertprozentig auf den gegebenen Sachverhalt. Mangelhafte Vertragsentwürfe auf nationaler Ebene sind genauso peinlich und schädlich wie auf internationaler Ebene. Das Risiko erhöht sich durch mehrfache Übersetzungen.

Allgemeine Richtlinien für Vertragsentwürfe erleichtern das internationale Rechtsgeschäft für alle Beteiligten sehr (Transparenz und Definitionen!). Verträge sind in der Regel nach einem einheitlichen Schema aufgebaut. Schlüsselbegriffe, die innerhalb der Verhandlungen eine bedeutende Rolle spielen könnten, sollten im Vorfeld exakt definiert werden (sogenannte „key terms"). Denn genau definierte Begriffe tragen zum gegenseitigen Verständnis bei und auch zur Entlastung des Dolmetschers, der Bedeutungen ansonsten erraten müsste. Beide Seiten wissen, wovon sie reden, und können sich dem Dolmetscher verständlich machen. Englisch als Fremdsprache kann, muss jedoch kein Nachteil im Rahmen von Vertragsverhandlungen sein. Definiert man die wichtigsten Begriffe gemeinsam, wird bereits viel Unverständliches geklärt. Darüber hinaus haben Sie als Nicht-Muttersprachler immer das Recht, genau nachzufragen.

> Und bitte nicht vergessen: „Wer fragt, gewinnt." Fragen Sie also im Zweifelsfall immer nach. Dialekte, Slangwörter und Unverständlichkeit der Gegenseite können Sie mit dem Hinweis vermeiden, dass Englisch nicht Ihre Muttersprache ist. Ein weiterer Hinweis auf Gegenseitigkeit („Wie Du mir, so ich Dir") wird die Gegenseite motivieren, verständlicher auf Englisch zu reden (Argument: „Was würden Sie sagen, wenn wir auf Deutsch verhandelten und ich dabei im Dialekt redete?").

Die Rechtssprache sollte modern, einfach und leicht sein – dadurch kann man alle juristischen Formulierungen auch einfach darstellen. Bitten Sie Ihren Juristen, die Hauptaussagen und die Ausnahmen dazu im Vertrag mit unterschiedlichen Farben zu kennzeichnen.

Unabhängig von juristischer Unterstützung sollte man in jedem Fall bei internationalen Projekten folgende Routinechecks vor Vertragsunterzeichnung durchführen. Konsequenz: Man spart Zeit und Geld und, nicht zu vergessen, zumindest potenziell viel Ärger.

Checkliste:

- Bitte überprüfen Sie unbekannte Vertragspartner auf ihre rechtliche Identität und Bonität sowie die Handelnden auf ihre Authentizität und Unterschriftsberechtigung. Auskunft bieten Ihnen Außenhandelskammern, Konsulate, Internetrecherchen oder internationale Auskunfteien.
- Namen und Titel aller Parteien sollten vollständig im Vertrag aufgenommen werden. Überprüfen Sie, ob die Firma, die Ihnen gegenübersteht, eine fast identische Tochtergesellschaft mit geringer Beteiligungsausstattung ist.
- Der Vertrag soll die offizielle Anschrift beider Parteien und der handelnden Person, an die Benachrichtigungen übermittelt werden, enthalten. Schließen Sie eine Abtretung von geldwerten Rechten im Vertrag aus.
- Dokumentieren Sie alle Vertragsänderungen (sog. „Track Records"), Korrespondenz sowie alle Vertragsentwürfe, die im Laufe der Verhandlungen entstehen. Verfassen Sie kurze Ergebnisprotokolle über wesentliche Inhaltsänderungen aufgrund von Besprechungen. So kann man die Entwicklung eines Projekts vom Anfang bis zur Vertragsunterzeichnung gut und vor allem nachvollziehbar rekonstruieren und späteren Missverständnissen aus dem Weg gehen.

Fazit

Verträge auf Englisch sind für das internationale Geschäft zwar essenziell wichtig, aber kein Buch mit sieben Siegeln. Wenn man den Satzbau vereinfacht und das Verhältnis der Bestimmungen zueinander klar auslegt (Spezialregelungen vor generellen Bestimmungen), und das im Zusammenspiel mit einem juristischen Spezialisten, wird man ohne viel Zeitverlust mit diesen Dokumenten arbeiten können.

Richtiges Timing kann man lernen

Sergey Frank

In internationalen Verhandlungen spielt der Zeitfaktor eine wesentliche Rolle. So steht z. B. dieser Grundsatz, übersetzt als „Time is of the essence", in vielen angloamerikanischen Verträgen in der Präambel und indiziert die möglichst schnelle Vorangehensweise in internationalen Verträgen und Projekten. Aber gilt diese auf Schnelligkeit fokussierte Vorgehensweise überall? Es ist unmöglich, die Frage, wie man zeitlich am besten vorgeht, vollständig zu beantworten. Folgendes Schaubild kann jedoch helfen, die Situation länderspezifisch wirksam aufzulösen:

Abbildung 3: Der Zeitfaktor und seine Implikationen

Im persönlichen Gespräch, aber auch zum Teil in der schriftlichen Kommunikation spielen vier Elemente eine herausragende Rolle: Auf der einen Seite die Persönlichkeit (das Ego) sowie der Zeitfaktor, die Meilensteine und Prozesse. Sie prägen eine Verhandlungsatmosphäre, wie sie vornehmlich in Deutschland, aber auch in den USA besteht. Auf der anderen Seite gilt „die Gesichtswahrung", ein Aspekt, dem in hierarchisch geprägten Ländern wie z. B. Russland und China sowie in Südostasien und Fernost eine überaus wichtige Rolle zukommt. Dort, wo Vertrauen essenziell für eine Geschäftsbeziehung ist, spielen persönliche Wertschätzung und Integrität eine wesentliche Rolle. Last, but not least kommt dem Sprachverständnis eine immense Bedeutung zu. Dort, wo z. B. auf Englisch als Fremdsprache kommuniziert wird und der Aspekt der Gesichtswahrung den Verhandlungspartner davon abhält, unverständliche Sachverhalte aufzuklären, kommt es leicht zu Missverständnissen und – natürlich auch – zu Zeitverlust.

> Nahezu jedes Auslandsengagement bedarf einer zumindest mittelfristigen Betrachtungsweise. Wenn bereits nach einem Jahr die zunächst optimistisch prognostizierte Entwicklung nicht einsetzt, beenden viele Unternehmen ihr Ausgangsengagement. In Unkenntnis oder unter zu geringer Beachtung des Zeitfaktors verliert man sehr viel Geld und Zeit sowie Energie. Es ist daher besser, vorsichtig und insbesondere mittelfristig zu planen, vor allem auch einen anderen als in Deutschland vorherrschenden Zeitfaktor anzusetzen. So redet man in Russland vom Zeitfaktor 4 und in China vom Zeitfaktor 6, was bedeutet, dass Verhandlungen in Russland mitunter viermal länger dauern als in Deutschland und in China entsprechend sechsmal länger.

Vorbereitung: Die Verhandlung beginnt, bevor sie anfängt

Verhandlungen beginnen nie am runden Tisch. Dem eigentlichen Treffen gehen immer Vorbereitungen voraus, die für die Verhandlung ebenso bedeutsam sind wie die abschließende Nachbereitung. Die Vorbereitungen und die Entwicklung einer Strategie können mitunter der entscheidende Faktor für den Ausgang einer Verhandlung sein. In der Realität mangelt es oft, insbesondere aus Zeitgründen, an einer derartigen Vorbereitung. Die Parteien gehen meist wenig vorbereitet und mit einer ihrer Meinung nach richtigen und damit unfehlbaren Lösung in die Verhandlung. Konflikte sind dann vorprogrammiert.

Bitte beachten Sie Folgendes:

- Die Vorbereitung und Entwicklung einer Verhandlungsstrategie sind das A und O einer Verhandlung. Es ist entscheidend, sich mit den fachlichen Fakten auszukennen und eine klare Vorstellung davon zu haben, was man eigentlich erreichen möchte.
- Die Black Box „Vertragsverhandlungen" kann entmystifiziert werden, indem man sich in seinen Verhandlungspartner hineinversetzt und ihn sowohl als Mensch als auch als Vertreter des Unternehmens mit all seinen (möglicherweise widersprüchlichen) Interessen wahrnimmt.

- Ein Bestandteil der Vorbereitung sollte das Bewusstmachen von möglichen kulturell bedingten Schwierigkeiten sein. Diese können von der Art der Kommunikation bis hin zum Verhalten am Verhandlungstisch selbst reichen.
- Der Verhandlungsstil hängt unter anderem davon ab, ob es sich um eine einmalige Verhandlung handelt oder ob eine längerfristige Zusammenarbeit geplant ist. In der Vorbereitungsphase sollte man sich über mögliche längerfristige Interessen klar werden und die Verhandlung entsprechend planen.
- Das systematische Vorgehen bei der Verhandlungsvorbereitung, z. B. durch die Verwendung von Formularen als Planungshilfe, ist zu empfehlen.

Es empfiehlt sich, die obige Grafik (S. 45) im Kopf zu haben und je nach Kultur entweder Gesichtswahrung und Sprachverständnis zu betonen oder mehr auf Persönlichkeit sowie auf prozessuale Merkmale wie Zeit und Meilensteine zu achten.

Bitte nicht vergessen: Alle vier Aspekte können gleichzeitig anwendbar sein, nur jeweils mit unterschiedlicher Priorität.

Wie Sie Aufträge richtig abschließen

Sergey Frank

Auftrag unterzeichnet? Dann haben Sie es ja geschafft. Jedenfalls ist der erste von vielen Schritten gemacht. Aber nicht ganz! „Nach dem Spiel ist vor dem Spiel", sagte einst ein bekannter Fußballtrainer, und was für den Fußball gilt, gilt auch im internationalen Geschäftsleben. Es ist schwer genug, Aufträge erfolgreich zu akquirieren. Aber das reicht bei Weitem nicht aus, wie das folgende Fallbeispiel zeigt:

Fallbeispiel

Frank M., Geschäftsführer eines mittelständischen Unternehmens aus dem Maschinenbau, hat es endlich geschafft, den Auftrag zur Lieferung und zum Aufbau zweier Anlagen zur Herstellung von Antriebselementen mit einem türkischen Unternehmen zu erhalten. Der Kunde, ein großes türkisches Familienunternehmen mit Hauptsitz in Istanbul, ist in vielen Industriebereichen tätig. Die Verhandlungen wurden auf Kundenseite von zwei Familienmitgliedern geführt und gestalteten sich zäh und langwierig.
Letzten Endes kann sich Frank M. aufgrund seiner technischen Kompetenz im Vergleich zum Hauptwettbewerb, der aus Asien kommt und preislich deutlich günstiger liegt, durchsetzen. Mit ausschlaggebend ist die Reputation des deutschen Unternehmens, die Anlagen vor Ort stets schnell und funktionsfähig aufzubauen und damit eine zeitnahe Inbetriebnahme zu gewährleisten.
Aber nach Unterzeichnung des Vertrages entwickelt sich die Nachbereitung nur schleppend: Das deutsche Ingenieurteam, das dafür zuständig ist, findet schwerlich Ansprechpartner. Die Verhandlungsführer der Türken sind kaum greifbar, die anderen designierten Mitarbeiter vor Ort oft nicht entscheidungsfähig oder zu langsam in den Entscheidungsprozessen. Gleichzeitig laufen die vereinbarten Fristen zur Inbetriebnahme.

Um internationale Geschäfte nicht mit größerer Verzögerung und möglichst vielen potenziellen Missverständnissen zu implementieren, muss man die Verhandlung in vielfacher Form nachbereiten. Hierbei handelt es sich eigentlich um zwei verschiedene Aspekte, denn einmal geht es um eine strategische Nachbereitung, die als Vorbereitung auf weitere Verhandlungen dient. Andererseits gilt es natürlich, die verhandelten Auftragsinhalte in ihrer möglichen Komplexität jetzt in die Tat umzusetzen.

Strategische Nachbereitung

Für die strategische Nachbereitung braucht man nicht viel, aber trotzdem ist gerade das oft Mangelware: Zeit. Nach erfolgreicher – oder auch erfolgloser – Verhandlung sollte man sich die Zeit zu einer Reflexion nehmen. Wie ist die Verhandlung gelaufen? War der Verlauf so geplant? Gab es eine vollkommen überraschende Wendung? Wer sich vorher gut vorbereitet hat und beispielsweise mit einem Verhandlungsplan gearbeitet hat, kann diesen zur Hand nehmen und ihn überprüfen. Doch auch ohne einen solchen Plan fällt Ihnen kurz nach der Verhandlung sicher noch eine Vielzahl von Aspekten ein.

Die strategische Nachbereitung sollte bei internationalen Verhandlungen auch unter dem Gesichtspunkt kultureller Unterschiede erfolgen. Hat Ihre Strategie im Umgang mit dem Verhandlungspartner funktioniert oder gab es Stellen, an denen Sie ein schlechtes Gefühl hatten? Auf diese Weise kann man aus seinen Fehlern lernen und beim nächsten Mal selbstbewusster in die Verhandlung gehen.

Praktische Nachbereitung

Neben der strategischen Nachbereitung geht es im Nachgang zur Verhandlung auch um die Implementierung der Verhandlungsergebnisse. Die Art der Implementierung hängt natürlich sehr stark vom Inhalt des geschlossenen Vertrags ab. Die Vergabe einer Lizenz erfordert andere Schritte als die Eröffnung einer Vertriebsstelle. Grundsätzlich gilt jedoch:
Machen Sie sich klar, was Sie tun müssen, wer Ihr konkreter Ansprechpartner auf der anderen Seite während der Nachbereitungsphase ist und was im Einzelnen von ihm erwartet wird. Häufig ist dieser Ansprechpartner nicht identisch mit dem vorhergehenden Verhandlungspartner. Es empfiehlt sich, gerade am Anfang einer Zusammenarbeit zu versuchen, für den Partner mitzudenken, denn letztendlich kommen Prozesse auf Ihrer Seite zum Stillstand, wenn Ihr Partner etwas vergisst. Dies gilt natürlich auch umgekehrt.

Der Projektkoordinator

Anhand der Verhandlungsergebnisse und der getroffenen Vereinbarungen lässt sich ein Plan entwickeln, der die Umsetzung des Vertrags im Detail definiert. Setzen Sie sich Teilziele (Meilensteine), die Sie erreichen wollen. Das erlaubt Ihnen, die Abwicklung Schritt für Schritt vorzunehmen. Dabei sollten Sie allerdings beachten, dass zwischen den Meilensteinen keine zu großen zeitlichen Abstände liegen. So ist es leichter, die Fortschritte festzuhalten und bei Schwierigkeiten zeitnah einzugreifen. Um eine reibungslose Implementierung der Verhandlungsergebnisse zu ermöglichen, bietet sich der Einsatz eines Projektkoordinators/-managers an. Dieser ist an der Setzung der Meilensteine beteiligt und überprüft kontinuierlich die Einhaltung der abgestimmten Ziele. Bei Bedarf fungiert der Projektkoordinator als Krisenmanager und Problemlöser.

> **Nicht jedes Geschäft ist gleich**
>
> Der Projektkoordinator ist häufig Organisator, Kontrolleur und, wie bereits gesagt, bei Bedarf auch Krisenmanager für den Implementierungsprozess derjenigen Punkte, die durch den Auftrag vereinbart worden sind. Der Projektmanager muss sich demzufolge mit den Details des Auftrags gut auskennen, insbesondere auch ihre Entstehungsgeschichte im Rahmen der Verhandlungen kennen. Das ist umso mehr von Bedeutung, wenn der Vertrag mit einem Unternehmen geschlossen wurde, das aus einem Land kommt, in dem die Vertragstreue nicht so stark ausgeprägt ist wie z. B. in Deutschland oder den USA.
> Während in den USA generell das Motto „A deal is a deal" oder „Pacta sunt servanda" zählt und Vertragstreue üblich ist, ist es z. B. in einigen Ländern des Mittleren Ostens durchaus gängig, Vertragsinhalte auch eher „kreativ" zu betrachten und auch nach Vertragsschluss noch zu diskutieren. Ähnliches gilt für Japan und China, wo Verträge grundsätzlich als Bestandteil eines sich verändernden Systems gesehen werden. In solchen Ländern ist es wichtig, genau zu wissen, was vereinbart wurde. Außerdem sollte man sich bezüglich der zeitlichen Planung auf potenzielle Schwierigkeiten einstellen und dementsprechend Reserven einbauen.

Im Rahmen von Verträgen mit internationalen Geschäftspartnern ist es wichtig, sich der kulturellen Eigenheiten bewusst zu sein. Je nach Kulturkreis gelten z. B. schlechte Nachrichten oder Verzögerungen als Gesichtsverlust. Da dies aber unbedingt zu vermeiden ist, könnte z. B. Ihr asiatischer Vertragspartner bestehende Probleme verschweigen oder untertrieben darstellen. Auf derartiges Verhalten sollte man unbedingt vorbereitet sein, damit man nicht von Schwierigkeiten überrascht wird.

Fazit

Um Aufträge richtig und erfolgreich abzuschließen, empfiehlt es sich, Folgendes zu beachten:

- Zielen Sie darauf ab, dass die andere Seite, wenn sie es nicht schon getan hat, auch einen Projektkoordinator ernennt. Ist eine derartige Vorgehensweise in der Kultur der anderen Seite unüblich, da sie z. B. sehr hierarchisch geprägt ist und nur der Generaldirektor Entscheidungen trifft, dann machen Sie ihr die Vorzüge einer funktionierenden Arbeitsebene klar. Erklären Sie Ihrem Gegenüber, dass eine funktionierende Interaktion auf Arbeitsebene das Projekt operativ vorantreibt und nicht dazu dient, Chefs und Generaldirektoren zu „entmachten".

- Betonen Sie unter Beachtung aller interkulturellen Gegebenheiten die Mitwirkungspflichten der anderen Seite, das heißt, stellen Sie sicher, dass entscheidungsfähige Personen vorhanden sind, die z. B. die Vorarbeiten zu einer Inbetriebnahme gewährleisten.

- Schlagen Sie das weitere Vorgehen vor und erarbeiten Sie gemeinsam mit dem Partner die einzelnen Implementierungsschritte/Meilensteine: Wer? Wann? Mit wem? Auf welche Weise? Wer ist für die Einhaltung der Meilensteine verantwortlich? Dabei ist eine funktionierende Kommunikation auf Arbeitsebene wesentlich.

- Die Nachbereitung eines Auftrags sollte sowohl unter strategischen als auch praktischen Gesichtspunkten erfolgen. Während die strategische Nachbereitung die wesentlichen Schritte und Meilensteine darstellt, geht es bei der praktischen Nachbereitung um die Organisation der Implementierung. Und dort steckt der Teufel bekanntlich oft im Detail.

- Bei der praktischen Nachbereitung ist es wichtig, realistische und zeitnahe Meilensteine zu definieren. Kulturelle Eigenheiten der Verhandlungspartner außer Acht zu lassen, kann zu falsch gesetzten Meilensteinen und damit zu erheblichen Problemen in der Abwicklung führen.

Die erfolgreiche Implementierung von Projekten, insbesondere auch vor dem Hintergrund ausländischer Vertragspartner und Englisch als gemeinsamer Drittsprache, ist nicht minder schwer als das Akquirieren eines Auftrags. Deshalb lohnt es sich, alle obigen Erwägungen in Betracht zu ziehen und genügend Zeitreserven einzuplanen.

Teil 2: Internationales Management

Wie man Outsourcing richtig umsetzt

Sergey Frank und Prof. Peter Anterist

Gerade in wirtschaftlich schwierigen Zeiten sind Unternehmen bemüht, Kosten zu senken, ohne dabei auf Ihre gewohnte Effizienz und insbesondere auf ihre internationalen Aktivitäten zu verzichten. Einige, vor allem mittelständische Unternehmen konzentrieren sich gerade im Internationalisierungsprozess verstärkt auf ihre Kernkompetenzen wie z. B. Produktion oder Vertrieb. Hier stellt sich unweigerlich die Frage, wie die administrativen Unternehmensaufgaben zu behandeln sind: alles selbst machen oder eher Dritte damit beauftragen und diese Funktionen „outsourcen", das heißt die Wertschöpfungsaktivitäten auf externe Quellen verlagern.

Grundsätzlich ist Outsourcing in allen Geschäftsprozessen eines Unternehmens denkbar. Wir betrachten es heute hauptsächlich im Rahmen der Internationalisierung, fokussiert auf ausländische Tochtergesellschaften und Einheiten deutscher Unternehmen. Dies kann beispielsweise eine Vertriebsgesellschaft im Ausland sein, die die Aufgabe hat, die von der Muttergesellschaft hergestellten Produkte in einem anderen Land zu vertreiben. Die Unternehmensform lässt bereits darauf schließen, dass die Kernkompetenz dieser Firma weniger in der lokalen Verwaltungsarbeit als vielmehr im Vertrieb liegt.

Verwaltungsaufgaben im In- und Ausland

Im Prinzip sind die Verwaltungsaufgaben im Ausland genauso hoch wie im Inland. Im Ausland sind jedoch die Unwissenheit über regionale Besonderheiten, Gesetze, Vorschriften und fehlende Sprachkenntnisse eine zeitintensive und oft nervenaufreibende Zusatzbeschäftigung. So besteht z. B. in Russland und China ein enormer administrativer Aufwand, um das Unter-

nehmen zunächst zu etablieren sowie Funktionen wie Buchhaltung, Controlling und die gesamte Personaladministration operativ zu führen. Hinzu kommen komplexe juristische und steuerrechtliche Fragen. Erst danach kann man sich auf seine Primärfunktionen Herstellung und Vertrieb konzentrieren, die dann auch den Umsatz generieren und das Auslandsgeschäft profitabel machen.
Aber nicht nur ferne Märkte sind riskant. Internationalisierung kann auch in nahegelegenen Nachbarstaaten schieflaufen, wie das folgende Beispiel aus Frankreich anschaulich zeigt:

Fallbeispiel
Ein mittelständisches Unternehmen aus Deutschland aus dem Bereich der Automobilzuliefererindustrie mit über 100 Mitarbeitern und einem Jahresumsatz von ca. 25 Mio. Euro sucht Erweiterungsmöglichkeiten. Auf dem deutschen Markt gibt es kaum Wachstumspotenzial. Im Gegenteil: Da die Automobilindustrie zunehmend Produktionsstandorte ins Ausland verlagert, denkt der Geschäftsführer ebenfalls darüber nach, seine Waren im Ausland zu vertreiben. Immer wieder denkt er dabei an Frankreich, ein Land, in dem es mit PSA (Peugeot und Citroen) und Renault eine wichtige Automobilindustrie und damit auch einen wichtigen Ersatzmarkt gibt.
Der Geschäftsführer hat jedoch das Problem, dass er der französischen Sprache nicht besonders mächtig ist und auch die Strukturen der französischen Wirtschaft nur rudimentär kennt. Er hat allerdings gelesen, dass er wohl nur dann eine Chance auf dem französischen Markt hat, wenn er sich selbst „französisiert" und eine eigene Vertriebsniederlassung gründet, die ihren Sitz in Frankreich hat.
Nach reiflicher Überlegung entschließt er sich zum Schritt über die Grenze und beginnt mit den Vorbereitungen für die Gründung einer Vertriebsniederlassung. Es gelingt ihm, die Gesellschaft in Frankreich zu gründen, nachdem er in Paris ein Büro in attraktiver Lage gefunden hat. Nun braucht er noch zwei Mitarbeiter für die Administration, möglichst zweisprachige. Diese findet er dann für relativ teures Geld.
Im folgenden Monat wird ein Zwischenlager eröffnet und es werden zwei weitere Mitarbeiter für den Vertrieb eingestellt. Diese brauchen für ihre Tätigkeit in Frankreich einen Firmenwagen.
Der Geschäftsführer entschließt sich dazu, zwei Kombis aus seinem Fuhrpark in Deutschland zu nehmen, diese an die neue Vertriebsniederlassung zu verkaufen und in Frankreich anzumelden. Leider hat ihm vorher aber niemand gesagt, dass man ein Fahrzeug in Frankreich nur anmelden kann, wenn man es vorher in Deutschland abgemeldet hat und ein sogenanntes „Certificat de Conformité" vorweisen kann. Dieses „Certificat" wird von der Niederlassung des Automobilherstellers in Frankreich extra neu angefertigt. Hier beginnen die ersten verwal-

tungstechnischen Schwierigkeiten, die erst nach mehreren Monaten beseitigt werden können.
Mit zwei Verwaltungsangestellten, zwei Verkäufern und einem netten Büro kann es nach fünf Monaten dann endlich losgehen. Das Kapital der frisch gegründeten französischen Niederlassung ist aufgrund der zahlreichen unvorhergesehenen Umstände und des Zeitverlustes allerdings schon fast verbraucht.
Der Geschäftsführer ist jedoch fest davon überzeugt, dass seine Verkäufer nun schnell Aufträge generieren werden. Inzwischen hat er auch den ersten der beiden Verkäufer zum Geschäftsführer seiner Frankreich-Niederlassung gemacht, in der Hoffnung, diesen zum weiteren Erfolg des Betriebes hin zu motivieren.
Kaum sind die Probleme gelöst, kommt der französische Geschäftsführer jedoch auf seinen deutschen Chef zu und erklärt ihm, dass das damals ausgehandelte Gehalt nicht ausreichend sei, zumal die erwarteten Bonifikationen aufgrund bisher ausbleibender Umsätze nicht zu erwarten seien. Mit diesen habe er aber fest gerechnet und im Übrigen wäre es ja nicht seine Schuld, dass die französischen Behörden so langsam arbeiteten und französische Partner vielleicht etwas länger bräuchten, um ein Projekt zu vergeben. Der deutsche Geschäftsführer ist empört und kündigt ihm.
Der französische Geschäftsführer läuft nun zu Hochform auf und kündigt allen Mitarbeitern fristlos, schließt das Lager und stellt sämtliche Aktivitäten ein. Selbst der mit einer Bestellung beladene LKW wird wieder in der Lagerhalle eingeschlossen. Um Schlimmeres zu verhindern, fährt der deutsche Geschäftsführer mit drei Mitarbeitern sofort nach Paris zum Büro und Lager. Ein herbeigerufener Gerichtsvollzieher soll helfen, die Räumlichkeiten zu öffnen. Dieser meint jedoch, er könne nur auf Anweisung des französischen Geschäftsführers aktiv werden. Ein Teufelskreis, den der Chef der deutschen Hauptfirma nur schwer durchbrechen kann, beginnt.

Wie kann man solche Risiken minimieren?

Solche Beispiele sind leider nicht selten. Eine Möglichkeit, diese oder ähnliche Risiken zu minimieren, ist, alle Verwaltungstätigkeiten an externe Dienstleister zu übergeben, um Fixkosten gering zu halten, lokale Risiken zu vermeiden und sein Hauptaugenmerk gleichzeitig auf den Vertrieb oder die Produktion zu richten.
Folgender Überblick beschreibt die wichtigsten Vor- und Nachteile eines Outsourcing-Modells im Ausland:

Vorteile

- Konzentration auf eigene Kernkompetenzen
- Kostenreduktion durch geringere Total Cost of Ownership
- Mehr Unabhängigkeit und Flexibilität aufgrund der Umwandlung von Fixkosten in variable Kosten und dadurch leichter kalkulierbar
- Kostengünstiger Zugang zu Expertenwissen und schnellerer Zugang zu modernster Technologie

Nachteile

- Risikobehaftete Abhängigkeit von Drittunternehmen
- Weisungsgebundenheit des Outsourcing-Partners nur im Rahmen der Geschäftbesorgungsverträge
- Möglicher Verlust von Innovationsmöglichkeiten und bestehendem Knowhow
- Möglicher Verlust des Datenschutzes
- Mögliche Qualitätsänderungen
- Verlust der Flexibilität durch langfristige Verträge

Die Entscheidung, ob man outsourct oder nicht, sollte nicht ad hoc getroffen werden. Überlegen Sie sich im Vorfeld genau, welche Variante die für Sie effizienteste und effektivste ist.

Make it or buy it?
Eine strategische Entscheidung für die Zukunft!

Selbermachen oder zukaufen? Die Verantwortung abgeben oder doch behalten? Das ist eine Frage, die sich immer öfter stellt. Dabei sollte die Kosteneinsparung nicht als alleiniges Kriterium dienen. Folgende Checkliste hilft Ihnen, systematisch eine Entscheidung zu diesem Thema vorzubereiten.

Checkliste– Make it or buy it?

Lesen Sie die Tabelle zeilenweise und kreuzen Sie den Wert auf der entsprechenden Seite an, der am besten auf die Situation Ihres Unternehmens zutrifft, wobei die äußeren Werte -2 und 2 für ‚trifft voll zu' stehen.

Ist die am Ende erzielte Gesamtpunktzahl negativ, so sprechen viele Argumente dafür, kein Outsourcing vorzunehmen, erhalten Sie eine positive Gesamtsumme, so könnte Outsourcing für Sie eine Entscheidung für die Zukunft sein.

Make it: Summe < 0		Buy it: Summe > 0
• Der outzusourcende Bereich ist eine Kernleistung des Unternehmens	-2 -1 0 1 2	• Der outzusourcende Bereich ist eine Nebenleistung des Unternehmens
• Die Leistung wird in der benötigten Form auf dem Markt nicht angeboten	-2 -1 0 1 2	• Die Leistung wird von vielen Dienstleistern auf dem Markt angeboten
• Die notwendige Qualität und Sicherheit kann am besten vom eigenen Unternehmen sichergestellt werden	-2 -1 0 1 2	• Die notwendige Qualität und Sicherheit kann nur von einem spezialisierten Dienstleister gewährleistet werden
• Die Leistung ist nicht abgrenzbar	-2 -1 0 1 2	• Die Leistung ist klar abgrenzbar
• Für die Leistung wird spezielles Knowhow des Unternehmens benötigt	-2 -1 0 1 2	• Für die Leistung wird kein Knowhow benötigt, das den Kernbereich des Unternehmens betrifft
• Das erforderliche Knowhow ist im Unternehmen vorhanden	-2 -1 0 1 2	• Das Unternehmen verfügt nicht über das Knowhow für die Leistung
• Die Eigenerstellungskosten liegen unter den vergleichbaren Marktpreisen	-2 -1 0 1 2	• Fremdbezugspreise liegen unter den vergleichbaren Eigenherstellungskosten
• Die erforderlichen Personalressourcen sind in der Organisation vorhanden	-2 -1 0 1 2	• Die Leistung erfordert Personalressourcen, die nicht verfügbar sind

Teil 2: Internationales Management

Make it: Summe < 0		Buy it: Summe > 0
• Die erforderlichen Anlagen sind im Unternehmen vorhanden	-2 -1 0 1 2	• Die Leistung erfordert massive Investitionen
• Schnittstellen zu dem Dienstleister können nicht klar definiert werden	-2 -1 0 1 2	• Schnittstellen zu dem Dienstleister können klar definiert werden
• Datenschutz kann nicht garantiert werden	-2 -1 0 1 2	• Datenschutz kann garantiert werden

Ist die Entscheidung für Outsourcing positiv ausgefallen, so wird im Idealfall der folgende Outsourcingprozess durchlaufen:

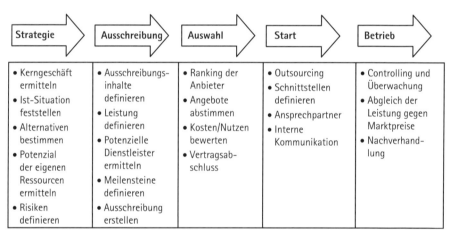

Abbildung 4: Meilensteine zum richtigen Outsourcing

Handlungsempfehlung – was muss beachtet werden?

Grundsätzlich müssen langfristige Überlegungen des Unternehmens im Vordergrund stehen. Es sollte nicht versucht werden, bestehende Probleme unreflektiert auszulagern. Hierdurch ist ein Scheitern vorprogrammiert. Bei einer Entscheidung stehen manchmal fälschlicherweise kurzfristige Kostenprobleme oder Kapazitätsengpässe im Vordergrund.

In einer Analyse der Wirtschaftlichkeit eines möglichen Outsourcingprojektes müssen alle Kosten im Sinne der Investition betrachtet werden. Es reicht nicht, nur die Produktionskosten für den ausgelagerten Prozess zu vergleichen. Vielmehr müssen alle relevanten Kosten, die mit der Entscheidung verbunden sind, einbezogen werden. Hierzu gehören auch die Kosten einer Beendigung des Outsourcings und einer Rückführung in das Unternehmen. Es ist einfacher, ein „neues Projekt" durch Outsourcing zu realisieren, als ein bestehendes durch externe Dienstleister ausführen zu lassen. Sind Arbeitsplätze betroffen, können Entscheidungen oft nicht nur durch die Geschäftsführung bestimmt werden, Einflüsse von Betriebsrat und Gewerkschaft müssen beachtet werden. Des Weiteren wird eine umfassende und rechtzeitige Kommunikation mit den Mitarbeitern empfohlen, da demotivierte und schlecht informierte Mitarbeiter den Outsourcingprozess, selbst wenn kein Arbeitsplatzverlust besteht, durch aufgebaute Ängste erheblich stören können.

Eignet sich Ihr Unternehmen für Outsourcing?

Ob und wie weit Ihr Unternehmen für Outsourcing geeignet ist, sollten Sie durch erfahrene Spezialisten der Branche prüfen lassen. Seriöse Unternehmen werden Sie unverbindlich und ausführlich über den Outsourcingprozess informieren und Ihnen gegebenenfalls davon abraten.

Ein Outsourcer sollte genau die Belange seiner Kunden kennen. Oft kommt dabei die Frage nach einer Vertriebsgesellschaft im Ausland auf, die dann über Marktforschungsergebnisse abgesichert werden soll. Hierbei entstehen sehr hohe Kosten sowie ein Zeitverlust bei der Erschließung des ausländischen Marktes. Es herrscht vor allem die Angst, einen Fehler zu begehen, der in der Tat viel Geld kosten kann.

Fallbeispiel
Welche Belastungen entstünden beispielsweise in Frankreich? Die Gesellschaft benötigt ein Büro, ein bis zwei Angestellte für Büroarbeiten, Büroausstattung u. a. Dadurch entstehen Fixkosten in Höhe von 10.000 bis 15.000 Euro monatlich, ohne überhaupt etwas verkauft zu haben. Hinzu kommt der Vertrieb. Betrachtet man zusätzlich die durch Liquidation der Vertriebsgesellschaft entstehenden Probleme, z. B. Kündigungsschutzgesetze und langfristige Mietverträge, falls der Absatz im Zielland tatsächlich nicht den Erwartungen entspricht, so ist die Angst, eine Fehlentscheidung zu treffen, zu verstehen.

Fazit

Bei der Abwägung von Vor- und Nachteilen sind folgende Überlegungen mit einzubeziehen: Eine interne Lösung kann auf den ersten Blick sicherer als die Verlagerung auf Dritte sein, hängt jedoch von den einzelnen Personen in dem Unternehmen vor Ort ab. Aufgrund höherer Fluktuation in vielen Ländern besteht ständig die Gefahr, dass Mitarbeiter kündigen und das spezifische Prozess-Knowhow mitnehmen. Somit ist diese Alternative gleichermaßen riskant. Ein weiterer Gesichtspunkt ist die Vertrauenswürdigkeit der Outsourcing-Gesellschaft. Hat sie viele Mandaten über lange Jahre, ist sie genauso seriös und sicher wie eine alteingesessene und honorige. Das Outsourcing-Modell für Administrationsfunktionen, insbesondere im Ausland, kann einen innovativen Ansatz bieten, mit Fokussierung auf Kernkompetenzen profitabel zu arbeiten und ansonsten so schlank wie möglich zu sein.

Controlling ist mehr als nur Zahlen

Sergey Frank und Dr. Jost Baumgärtner

Das Controlling als modernes Managementinstrument hat, auch aufgrund der Internationalisierung, heute noch stärker an Bedeutung gewonnen. Mittlerweile können Unternehmen die wesentlichen finanziellen und anderen Implikationen von Geschäftstransaktionen weltweit abrufen und auf ihre Vereinbarkeit mit den geplanten Zahlen prüfen. Doch es gibt in diesem Zusammenhang auch eine andere, eher auf Kommunikation beruhende Seite: Das Controlling als Management-Informationsinstrument findet seine Grenzen oft in den interkulturell verschiedenen Mentalitäten. In Deutschland werden Zahlen z. B. eher nüchtern und sachlich betrachtet. In vielen Ländern ist dies etwas anders: Planungszahlen werden durchaus optimistisch gesehen. Reportingzahlen hingegen, das heißt diejenigen Informationen, die den bisherigen Sachstand wiedergeben, sind in vielen Ländern nicht ohne Erklärungen der Gesamtumstände zu erhalten.

Hier stösst das Controlling an seine Grenzen. Ein eher nüchterner Controller aus der Zentrale, der seine Aufgabe hauptsächlich in der Aufbereitung eines Management-Informationssystems sieht, wird in vielen Ländern Schwierigkeiten haben, die notwendigen Informationen zu erhalten und sie in den richtigen Kontext einzuordnen.

Wir werden an dieser Stelle keine akademische Diskussion über Vor- und Nachteile eher zentral oder dezentral konzipierter Controllingsysteme führen. Jedes Unternehmen hat entsprechend seiner Kultur und seinem Geschäftsmodell zu entscheiden, welchen Weg es gehen möchte. Die folgenden Ausführungen sind jedoch insofern vorbelastet, als dass sie die Denkweise eines unabhängigen, mittelständischen, ingenieurgetriebenen und stark internationalisierten Produktionsunternehmens reflektieren. Entsprechend der dezentralen Kultur dieser Unternehmensgruppe ist auch das Controlling dezentral konzipiert; aber es führen ja bekanntlich viele Wege nach Rom.

Vor diesem Hintergrund werden wir im Folgenden einige sach- und personenbezogene Spezialitäten des internationalen Controllings diskutieren. Deren Kenntnis kann in der Tat entscheidend sein, wenn es darum geht, fundierte Informationen für das Controlling Cockpit zur Verfügung zu stellen.

Wesentliche Parameter im Controlling von internationalen Unternehmen

Ein hoher Internationalisierungsgrad macht es erforderlich, je nach Maßgabe der Regionen, in denen man tätig ist, wesentliche Faktoren des Unternehmenserfolgs „induktiv", also aus dem Erlebten heraus zu berücksichtigen. So erfordert z. B. das dynamische Wirtschaftswachstum in den BRIC-Staaten (Brasilien, Russland, Indien und China) eine Lieferfähigkeit und damit zwangsläufig auch eine Liefertermintreue, die in anderen Regionen möglicherweise so nicht gefordert wird.

Dies gilt vor allem für China und ist auch auf das landestypische Tempo bei der Realisierung von Infrastruktur- oder Industrieprojekten zurückzuführen. In Lateinamerika hingegen sieht es etwas anders aus: Dort ziehen sich Entscheidungsprozesse manchmal relativ lange hin. Das hat z. B. für die Produktion und Logistik einige zum Teil erhebliche Folgen: Die Einhaltung von Terminen, die häufig politisch festgesetzt wurden, setzt die sich anschließende Materialbeschaffung durch den Kunden oft unter erheblichem Zeitdruck.

Unabhängig von der Frage, wie ein Unternehmen sein Geschäftsmodell an dieses Anforderungsprofil anpasst, gilt es im internationalen Controlling, diesen lokalen Eigenheiten Rechnung zu tragen. Vor allem für Unternehmen, die außerhalb der Euro-Zone tätig sind, ist es wichtig, die Auswirkungen sich verändernder Währungsrelationen im Auge zu behalten. Die massiven Ausschläge als Folge der Finanzkrise haben dies unterstrichen.

Es ist für international tätige Unternehmen selbstverständlich, ihr Wechselkursrisiko durch geeignete Maßnahmen zu managen. Es hat sich daneben aber auch als hilfreich herausgestellt, im Rahmen des Controllings die Auswirkungen von sich verändernden Wechselkursrelationen auf die Bilanz- und Erfolgslage zeitnah zu dokumentieren. Dies umso mehr, wenn man in Ländern mit sehr volatilen Währungen, wie z. B. Südafrika (ZAR), oder in Ländern mit einem historisch belegt hohen Inflationsrisiko, wie z. B. Argentinien (AR$) oder Brasilien (BR$), tätig ist. Sofern das Unternehmen keine monatliche Vollkonsolidierung betreibt, sollten die Auswirkungen einer aktuellen Bewertung der fremdwährungsbasierten Forderungen und Verbindlichkeiten auf Bilanz und GuV monatlich ermittelt werden.

Aber auch diese beiden eher „sachbezogenen" Merkmale des internationalen Controllings lassen sich mit den heute zur Verfügung stehenden Werkzeugen und betriebswirtschaftlichen Methoden bewältigen. Der Output ist aber immer nur so gut oder belastbar wie der Input. Und gerade bei stark internationalisierten Unternehmensstrukturen zeigt es sich fast tagtäglich, dass „harte Zahlen" eben doch nicht immer alles aussagen. Es gilt zu verstehen, dass eine Budgetabweichung in Deutschland anders interpretiert wird als z. B. in Lateinamerika oder in China. Oder dass sonstige Risiken – je nach Bedrohungsgrad „das Gesicht zu verlieren" – sich nicht unbedingt in den Büchern wiederfinden. Die Finanzkrise hat gezeigt, dass den Bemühungen, komplexe wirtschaftliche Strukturen zu standardisieren und vergleichbar zu machen (z. B. im Bankensektor mithilfe von Ratingsystemen), Grenzen gesetzt sind.

Ähnliches gilt für Controllingsysteme in internationalen Konzernstrukturen. Jede noch so umfängliche Kontierungs- und Controllingrichtlinie kann die Notwendigkeit, die nationalen Kulturen der Heimatländer der Tochtergesellschaften zu verstehen und diese zu berücksichtigen, nicht ersetzen.

Nationale Kulturen und deren Folgen für das internationale Controlling

Wir unterscheiden eine Vielzahl von Merkmalen, die eine Kultur prägen. Für das Controlling sind vor allem drei Faktoren von Bedeutung: die sogenannte Machtdistanz, die Unsicherheitsvermeidung sowie die Art und Weise der Informationsverarbeitung.

Machtdistanz

Die „Machtdistanz" steht für das Maß, in dem sich kulturell geprägte Machtunterschiede in hierarchischen Strukturen auf das Leben eines Controllingsystems auswirken. Im deutschen Kulturumfeld werden Budgets zumeist bottom-up oder im Gegenstromverfahren erstellt. Budgets werden zumeist als gemeinsam erstellte, verbindliche Vereinbarung verstanden. Demzufolge ist die Wahrnehmung einer persönlichen Verantwortung auf mittleren und unteren Führungsebenen (im internationalen Vergleich) auch stark ausgeprägt. Kontrollen im Sinne von Soll-Ist-Vergleichen führen zumeist zu nachvollziehbaren Abweichungsanalysen oder sollten zumindest dazu führen. Diese Denkweise kann nicht identisch in Regionen mit kulturell geprägt größeren Machtunterschieden, wie z. B.

Asien oder Afrika, übertragen werden. Die Budgeterstellung wird zumeist auf der obersten Führungsebene erfolgen, die Zahlen anschließend als Zielvorgaben top-down heruntergebrochen. Demzufolge erinnert die Suche nach Verantwortlichkeiten im Falle von Abweichungen häufig auch eher an ein Schwarzer-Peter-Spiel. Das der europäischen Kultur immanente Vertrauen in sich selbst steuernde Regelkreise muss in diesen Kulturen häufig durch zielgerichtete Kontrollen ersetzt werden. Folgendes Beispiel ist symptomatisch für das Problem, wenn man Controlling in hierarchisch geführten Unternehmen mit einem anderen kulturellen Verständnis, wie z. B. in Russland, einführen will.

Fallbeispiel
Ein internationales Unternehmen aus dem Maschinenbau kauft das Unternehmen seines sehr erfolgreichen Distributeurs in Russland. Der Distributeur bleibt als Generaldirektor und Minderheitsbeteiligter im Unternehmen und soll vor allem weiterhin die Kundenkontakte pflegen. Er führt sein Unternehmen hierarchisch und erfolgreich, niemand in der Firma spricht bisher Englisch. Der Käufer wird als einen der ersten Schritte einen international erfahrenen Controller, wahrscheinlich in der Funktion des CFO – Chief Financial Officers –, einsetzen. Dieser berichtet dann an den Generaldirektor, aber zugleich indirekt, oder besser „in dotted line", an das Hauptquartier.
Damit glaubt das Hauptquartier zu gewährleisten, dass ein effizientes Controlling eingesetzt und dann auch gelebt wird. In einer derartigen Situation wird der Generaldirektor, der das Unternehmen lange hierarchisch und erfolgreich geführt hat, die neue Funktion des Controlling vermutlich als Spionageeinrichtung und den neuen CFO dementsprechend als Spion ansehen. Er wird alles daran setzen, Letzteren auszubremsen. Hier gilt es, die Situation zu deeskalieren oder, besser, erst gar nicht so entstehen zu lassen.

Ein gutes Mittel liegt in einer derartigen Situation darin, in den gemeinsamen Board der gekauften Gesellschaft eine in beiden Kulturkreisen erfahrene externe – dem Käufer aber bekannte und verbundene Person – als „non-executive board member" zu bestellen, welche regelmäßig an den Boardsitzungen teilnimmt und die finanziellen Informationen einfordert. Wenn sich dann innerhalb von ein bis zwei Jahren die Situation normalisiert hat, hat der CFO in seiner Zweifachfunktion ein einfacheres Leben, insbesondere auch im Hinblick auf den Generaldirektor. Die Situation hat sich entspannt, der Generaldirektor daran gewöhnt und der allgemeine Misstrauenspegel hat sich nivelliert. Man kann zum „Business as usual" übergehen.

Unsicherheitsvermeidung

Zu unterschiedlichen Wahrnehmungen führt das Merkmal der „Unsicherheitsvermeidung". Aufgrund der relativ stabilen wirtschaftlichen Verhältnisse (sowie der notwendigen Rahmenbedingungen, wie dem Rechtssystem) sind westeuropäische Unternehmen auf die Antizipation von Risiken fokussiert. Dies spiegelt sich auch in dem hohen Stellenwert von Risikomanagementsystemen wider. Zur Vermeidung von Unsicherheiten spielen auch laufende Kontrollen, im Sinne von detailbezogenen Soll-Ist-Vergleichen, eine wesentliche Rolle.

In Ländern mit weniger stabilen wirtschaftlichen Verhältnissen werden Risiken häufig eher als Herausforderung denn als Bedrohung wahrgenommen. Führungskräfte zeigen in diesen Kulturen wenig Verständnis für diese häufig als „typisch deutsch" angesehene Form der Risikoorientierung.

An die Stelle von detaillierten Soll-Ist-Vergleichen (wie z. B. kostenstellenbezogenen Beschäftigungsabweichungen) treten wesentlich rudimentärere Kontrollinstrumente. An die Stelle des Vertrauens in die Verbindlichkeit und Umsetzung von Controllinghandbüchern und Kontierungsvorschriften tritt die Notwendigkeit, die kulturellen, wirtschaftlichen und rechtlichen Verhältnisse zu verinnerlichen, um Risiken zu verstehen und damit zu vermeiden.

Insbesondere in der deutschen Kultur der Rechnungslegung hat sich das Bestreben nach Unsicherheitsvermeidung in dem bekannten, im HGB kodifizierten Vorsichtsprinzip niedergeschlagen. Es wird konkretisiert durch das Imparitäts-, das Realisations- und das Nominalwertprinzip. Die Vermittlung dieses Gedankengutes außerhalb der Grenzen des deutschen HGB ist schwierig und beinhaltet mehrere Aspekte: Die Erfahrung zeigt einerseits, dass die Grundsätze des Vorsichtsprinzips insbesondere von den kaufmännisch Verantwortlichen vor Ort häufig positiv aufgenommen werden. In der Umsetzung stößt man andererseits auf ebenso viel Widerstand bei den Ergebnisverantwortlichen, denen an einem „schnellen" Ergebnisausweis gelegen ist. Dies gilt vor allem in angelsächsisch geprägten Ländern.

Informationsverarbeitung im internationalen Kontext

Zuvor haben wir die Notwendigkeit aufgezeigt, die kulturellen, wirtschaftlichen und rechtlichen Verhältnisse zu verinnerlichen, anstatt auf Prozesse zu vertrauen, die in einer fernen deutschen Zentrale definiert wurden. Diese

Feststellung mündet unweigerlich in der Frage nach der angebrachten Form der Informationsverarbeitung im Rahmen des internationalen Controllings. Selbstverständlich ist ein ausreichend formalisiertes Berichtswesen ein notwendiges Grundgerüst des internationalen Controllings. Die Auswahl an und die Leistungsfähigkeit von DV-gestützten Managementinformationssystemen hat in den vergangenen Jahren drastisch zugenommen. Diese bilden eine gute Grundlage zur Einführung und zum Betrieb eines aussagefähigen Berichtswesens in konzernorientierten Strukturen. Neben dieser Form der formellen Informationsverarbeitung steht die informelle Informationsverarbeitung in Form von persönlicher Kommunikation.

Typischerweise ist die Kommunikation im Rahmen des Controllings im deutschen Kulturkreis auch stark strukturiert in Form von Statusterminen, Budgetgesprächen oder Kostenstellenreviews. Diese Gespräche sind geprägt durch das direkte Ansprechen von Sachverhalten (insbesondere von negativen Entwicklungen), einem stark sachbezogenen Austausch von Informationen (persönliche Beziehungen sind keine Voraussetzung) und der Verbindlichkeit getroffener Absprachen, die zumeist in Form von Protokollen festgehalten werden.

Die Bitte um Gespräche neben diesen regelmäßigen Anlässen wird von den ausländischen Managern des Öfteren als Misstrauensbekundung interpretiert. Je weiter man sich von dem deutschen Kulturkreis entfernt, umso deutlicher verändern sich diese Gewohnheiten: So wird das direkte Ansprechen von Negativentwicklungen unter Umständen als beleidigend empfunden, der Verantwortliche läuft Gefahr, „sein Gesicht zu verlieren".

Ein effizienter Informationsaustausch setzt vielfach persönliche Beziehungen voraus, zumindest wenn man erfahren will, „was wirklich los ist". Die Pflege eines sozialen Netzwerkes ist notwendige Voraussetzung, um an wichtige Informationen zu kommen. All dies mündet in der Notwendigkeit, im internationalen Controlling neben den formellen Austausch von Zahlen – mindestens gleichwertig – die persönliche Kommunikation zu stellen. Managementinformationssysteme und E-Mails können in vielen Ländern die persönliche Kommunikation nicht ersetzen. Deshalb erfordert Kommunikation auch die physische Präsenz der Controller vor Ort; fremde Geschäftskulturen lassen sich nicht per Ferndiagnose – im wahrsten Sinne des Wortes – „erleben".

Die Notwendigkeit persönlicher Kommunikation spiegelt sich zwangsläufig in der sozialen Kompetenz der handelnden Personen wider. Mitarbeiter des internationalen Controllings sollten eine ausgeprägte Kommunikationsfähigkeit mitbringen. Die Fähigkeit, komplexe betriebswirtschaftliche Sachverhalte verständlich an „Nichtkaufleute" zu vermitteln, ist häufig – im nationalen wie im internationalen Umfeld – spielentscheidend. Insbesondere in Kulturkreisen, in denen der informellen Kommunikation ein hoher Stellenwert beigemessen wird, wie z. B. in Lateinamerika, ist das Zuhörenkönnen eine der effektivsten Techniken zur Informationsgewinnung.

Daneben ist selbstverständlich eine Offenheit anderen Kulturen gegenüber zwingend erforderlich. Der überzeugte Missionar deutscher Controllingkultur wird selten offene Türen vorfinden. Die Bereitschaft und die Fähigkeit, andere, teilweise exotische Geschäftskulturen zu verstehen und zu akzeptieren, sind Voraussetzung im internationalen Umfeld. Controller arbeiten in dieser Hinsicht als „interkulturelle Botschafter".

Fazit: Zahlenknecht oder Co-Pilot?

Traditionell ist es Aufgabe des Controllers, durch Informationen und Analysen die Grundlage für Entscheidungen zu schaffen: „Figures are the backbone of the company".

In Zeiten leistungsfähiger ERP-Systeme und datenbankgestützter MIS-Systeme ist jedoch die reine Zahlenbeschaffung und -weiterverarbeitung im internationalen Kontext nicht genug: Hier kommen eine Menge weiterer Dimensionen auf den Controller zu, insbesondere im kommunikativen und persönlichen Bereich. Spätestens an dieser Stelle wird offensichtlich, dass der internationale Controller kein „Zahlenknecht", sondern ein mit hoher kommunikativer Kompetenz ausgestatteter Co-Pilot der operativen Manager ist und zudem als kultureller Botschafter die Eigenheiten der anderen Länder und deren Konsequenzen auf den Geschäftsbetrieb vor Ort im Hauptquartier deutlich macht.

Controlling in sich schnell verändernden Weltmärkten

Sergey Frank und Dr. Jürgen Kohlrusch

Eine der Herausforderungen im internationalen Controlling liegt nicht nur in der Beschaffung konsolidierter Zahlen, sondern vor allem in den unterschiedlichen Vorstellungen von Controlling und Berichtswesen – sprich: im menschlichen Bereich bzw. im Verständnis der unterschiedlichen Mentalitäten. Internationales Controlling in sich schnell verändernden Weltmärkten beinhaltet aber noch eine weitere Dimension: die Zeit, die benötigt wird, um einer neuen Marktsituation mit einer neuen Strategie zu begegnen. Und hier hat die Erfahrung gezeigt, dass herkömmliche Controllingverfahren wie Budget und Planung kurzfristigen Veränderungen, wie sie zum Beispiel durch die Weltwirtschaftskrise in verschiedenen Märkten auftauchten, nicht mehr gewachsen sind. Hier bietet sich ein weiteres, zusätzliches Element an: ein Informationssystem, das auf Trends basiert und auch schnelllebige Marktentwicklungen ad hoc darstellt.

Seit Beginn der Weltwirtschaftskrise Ende 2008 erleben wir eindrucksvoll, wie schnell sich Rahmenbedingungen auf globalen Märkten verändern können. Besonders schwer hat es die Güter getroffen, die nicht zwingend der Befriedigung von Grundbedürfnissen dienen, wie beispielsweise Modeartikel, Luxus- oder gar Kulturgüter. Aber auch im deutschen Maschinenbau brachen die Umsätze im Frühjahr 2009 so massiv ein wie selten zuvor. Die hohe Exportrate, die der inländischen Wirtschaft in den letzten Jahrzehnten zu Erfolgen verhalf, wurde den Marktteilnehmern nun zum Verhängnis.

Krisen entstehen häufig durch eine Kombination aus strukturellen und konjunkturellen Problemen

Untersucht man die Gründe für eine ernsthafte wirtschaftliche Gefährdung von Unternehmen näher, stellt man fest, dass häufig eine Verkettung von strukturellen und konjunkturellen Problemen vorliegt.

Nehmen wir als Beispiel ein Unternehmen mit Hauptsitz in Deutschland mit ca. 7.000 Mitarbeitern weltweit. Es stellt qualitativ hochwertige Stellsysteme für die fertigende Industrie her und exportiert in rund 120 Länder. Neben den branchenbedingten Absatzeinbrüchen in 2009 gibt es für das Unternehmen noch eine weitere strukturelle Hürde: Der internationale Wettbewerb aus Fernost bietet neue Produkte an, die zwar qualitativ nicht ganz so hochwertig sind, den Massenmarkt aber durchaus hinreichend bedienen. Für den Geschäftsführer stellt sich nun neben den akuten Absatzproblemen die strategische Frage, ob er das Niedrigpreissegment dem Wettbewerb überlassen oder selbst künftig einfache, aber kostengünstige Produkte anbieten soll. Neben der Marketingfrage nach dem Image sieht er zusätzlich die Gefahr des „Produkt-Kannibalismus", wenn Bestandskunden, statt wie bisher hochpreisige, bei ihm nun vermehrt Low-Budget-Produkte kaufen.

Struktur- und Konjunkturproblem verbinden sich für den Geschäftsführer so zu einer handfesten Krise. Bestehende Ausrichtungen müssen hinterfragt und gegebenenfalls korrigiert werden, unwirtschaftliche Bereiche weltweit müssen umstrukturiert werden. Dabei steht der Geschäftsführer unter erheblichem Zeitdruck, denn jede weitere Verzögerung zieht weitere Kosten nach sich.

Die Controllingabteilung gerät unter Druck

Aufgrund der akuten Lage fordert er die aktuellen Umsatzzahlen der ihm unterstellten Unternehmensbereiche im In- und Ausland an. Einige Reportings trudeln zwar relativ zeitnah ein, dafür aber in verschiedenen Formaten und Listen. Der Geschäftsführer kann sie aufgrund der unterschiedlichen lokalen Marktverhältnisse somit nur schwer interpretieren. Andere Controllingbereiche im Ausland brauchen Tage, wenn nicht Wochen, um ihre Reports abzuliefern. Er ruft schließlich seine ausländischen Geschäftsführer an, hat aber allein aufgrund der Verständigungsschwierigkeiten seine liebe Not, von unterschiedlichen Mentalitäten, Temperamenten und Sichtweisen ganz zu schweigen.

Die eingetroffenen Berichte werden von der Controllingabteilung konsolidiert, die nun ihrerseits unter Zeitdruck gerät, während sie Tabellen aus allen Teilen der Welt zusammenfügt. Immense Datenmengen werden ermittelt und gesammelt, aber auch diese sind bei genauer Betrachtung nur bedingt miteinander vergleichbar. Nationale Währungskurse und Unterschiede in der Gewinnermittlung werden noch einmal überprüft und lassen fundierte Aussagen zu Deckungsbeiträgen oder Gewinnmargen nur schwer zu. Währenddessen steigt der Druck auf unseren Geschäftsführer, denn die Aufsichtsratssitzung steht in wenigen Tagen auf dem Programm, und bis dahin muss er in irgendeiner Form Ergebnisse präsentieren können. Er fragt seinen Controllingleiter also mehrmals am Tag nach den angeforderten Zahlen und wird zusehends ungeduldig, da er förmlich spürt, wie ihm die Zeit davonläuft ...

Zukunftsweisende Antworten nicht nur aus der Vergangenheit

Spätestens an dieser Stelle sollten wir innehalten und den Ansatz unseres Geschäftsführers überprüfen: Welche Angaben braucht er eigentlich genau als Basis für die Entwicklung einer neuen Strategie?
Der Punkt, an dem er umdenken sollte, ist der: Sein Controlling sah bisher in die Vergangenheit („Re-Vision"), um Fragen, die die Zukunft betreffen, zu beantworten – und dieser Blickwinkel ist für solche Fragestellungen gänzlich ungeeignet. Bilanzen aus dem Jahr 2008 sind in den wenigsten Fällen eine sinnvolle Ausgangsposition, um einen Kurs für 2011 festzulegen.

Was also ist zu tun?

Ein junger Betriebswirt, in einer Stabsstelle zur Unternehmensentwicklung beschäftigt, meldet sich zu Wort. Er schlägt dem Geschäftsführer vor, die seit Jahren erhobenen Planzahlen für Absatz, Umsatz oder Bruttogewinn auszuwerten. Er regt an, aufgrund der Veränderungen am Markt noch einmal weltweit alle Planzahlen zu aktualisieren und diese dann zielgerichtet zu analysieren. Neben den Planumsätzen sind Potenzialanalysen wichtiger Bestandteil seiner Marktanalyse, sagt er. Der junge Mann bindet also geschickt Erfahrungen aus dem Vertrieb mit ein und lässt diese Daten von der Controllingabteilung aufbereiten. Auch wenn Vertrieb und Controlling selten perfekt harmonieren – in diesem Fall ist es notwendig und zielführend. Unser Betriebswirt weiß das und sorgt mit entsprechenden E-Mails und Meetings sowie mit viel Koordinationsarbeit für die reibungslose Zusammenarbeit.

Aus der so gemeinsam erstellten Analyse lassen sich gezielte Maßnahmen für einzelne Produktgruppen und regionale Marktverhältnisse ableiten – vor allem aber wird vermieden, in der Krise das Kind mit dem Bade auszuschütten, indem z. B. zukunftsfähige Unternehmensteile reduziert werden.

Aus seiner Universitätszeit kennt der junge Betriebswirt Prognoseverfahren, die aufgrund des inneren Zusammenhangs einer zeitlichen Abfolge von Zahlen auf die künftige Entwicklung schließen lassen. Er schlägt dem Geschäftsführer vor, damit Frühwarnsysteme für den Fall des Produkt-Kannibalismus im Niedrigpreissegment zu installieren. Den eigenen Controllern sind diese Schätzungen zwar suspekt, da sie stets ausschließlich mit belastbaren Zahlen arbeiten. Aber der Geschäftsführer tut sich hier glücklicherweise leichter und gibt die Devise aus: Lieber auch mit ungenauen Schätzwerten arbeiten als nur mit alten oder gar keinen Werten.

Softwareagenten übernehmen Frühwarnungen

Aus der Prognose von Umsatz- und Absatzwerten erstellt unser junger Betriebswirt nun quasi einen „ökonomischen Wetterbericht" nach Produktgruppen und Ländern, der zwar ähnlich wie der meteorologische Wetterbericht stellenweise etwas ungenau ausfällt, aber dennoch eine richtige Tendenz angibt. Mit diesem bewussten „Mut zur Lücke" ist er jedenfalls aussagefähiger als allein mit den Zahlen aus der Vergangenheit. Zuletzt installiert er im Hintergrund spezifische Softwareagenten. Das sind Systeme, die automatisiert Prognosen erstellen, Schwachstellen überwachen und im Risikofall frühzeitig warnen. Sie tragen hierzu selbsttätig alle weltweiten Daten zusammen und werten sie nach Trends aus.

In der Aufsichtsratssitzung kann unser Geschäftsführer mit dem neuen Frühwarnsystem überzeugen. Er hat einen genauen Überblick über die – erfreulicherweise steigenden – weltweiten Umsätze und kann seine Produktpalette immer wieder gezielt und kurzfristig den Anforderungen der Märkte anpassen. Das überschaubare Niedrigpreissegment, das er zwischenzeitig lanciert hat, entwickelt sich auf den internationalen Märkten sogar überraschend positiv, zumal die Marketingabteilung dazu eine gute Kampagne erarbeitet hat. Seine Befürchtungen in Richtung Produkt-Kannibalismus kann er jederzeit überprüfen, weil seine Geschäftsprozesse ständig automatisch überwacht werden.

Fazit

Weltweit verteilte Unternehmensdaten liefern nicht nur zu langsam, sondern auch inhaltlich unzureichende Informationen. Für Entscheider ist eine zukunftsorientierte Analyse hilfreicher als der Blick zurück. Prognoseverfahren und Schätzungen können durchaus ein probates Mittel sein, eine gute Basis für Entscheidungen zu schaffen. Proaktives Controlling wird also immer wichtiger. Angesichts der Wirtschaftslage der letzten 12 Monate drängt sich natürlich die Frage auf, ob derartige Frühwarnsysteme die Wirtschaftskrise hätten vorhersagen können? Vermutlich (leider) nicht, da die außergewöhnlichen Ereignisse in ihrer Entwicklung bisher so nie dagewesen und daher nicht vorhersehbar waren.

Schnelllebige, vor allem auch negative Marktveränderungen machen eine herkömmliche Planung eher obsolet, da diese den Entwicklungen in der Regel hinterherläuft. Deshalb ist eine weitere Komponente neben den herkömmlichen Ansätzen wesentlich: eine Planung, deren Umsatzzahlen auf Trends basieren und die bis auf einzelne Produktgruppen und regionale Marktverhältnisse hinunter aussagefähig ist. Damit sind Veränderungen von lokalen Marktsituationen schneller erkennbar, auch wenn solche Trends nur eine tendenzielle Einschätzung der zukünftigen Umsätze geben können.

Unternehmen mit schnell reagierenden Controllingsystemen sind somit in der Lage, die bestehende Produktpalette schneller, fokussierter und nachhaltiger auf dem Weltmarkt zu platzieren und den Veränderungen dort mit gezielten Maßnahmen zu begegnen. Manchmal eben gewinnen die Schnellen gegen die Langsamen und nicht die Großen gegenüber den Kleinen. Ein wesentlicher Faktor über Sieg oder Niederlage ist ein aussagefähiges, Trends und Prognosen mit einbeziehendes Informationssystem.

MBA – Drei Buchstaben auf dem Weg zur Spitzenkarriere

Sergey Frank und Prof. Dr. Torsten Wulf

Kein Ausbildungsabschluss hat in den letzten Jahren eine derartige Aktualität erfahren wie der Master of Business Administration, auch MBA genannt. So kann man diesen Abschluss nicht nur in den USA und in Europa erwerben, sondern z. B. auch in Russland oder China. Dementsprechend stellt sich die Frage, welchen Nutzen ein MBA für eine internationale Karriere hat. Gerade in den USA, aber auch in Großbritannien gilt der MBA seit langem als Königsweg der Managementausbildung. Teilnehmer von MBA-Programmen lernen, sich in kleinen Teams schnell in neue Themenbereiche einzuarbeiten. So gelten interdisziplinäres Denken, interkulturelles Verständnis, Reduzierung von Komplexität und die schnelle Lösung von Problemen in kleinen Teams als Fähigkeiten, die ein MBA-Programm fordert und fördert und deren Einsatz in Managerpositionen äußerst notwendig ist. In den letzten 15 Jahren hat der MBA in Europa und speziell in Deutschland an Bedeutung gewonnen. Ingenieure, Naturwissenschaftler, Mediziner, Juristen, aber auch Diplom-Kaufleute sehen in einem MBA einen Beschleuniger für ihre internationale Karriere. Einen wahren Schub für europäische MBA-Programme brachte der Bologna-Prozess, der zur Vereinheitlichung der Bildungsabschlüsse in Europa beitragen soll. Vor diesem Hintergrund haben sich neben dem traditionellen Vollzeit-MBA-Programm weitere Arten von MBA-Programmen etabliert, insbesondere Teilzeit- und Executive MBA-Programme für bereits im Beruf stehende Teilnehmer, die neben dem Job den MBA abends und am Wochenende absolvieren.

Wie alles anfing – Die USA als führende Ausbildungswerkstatt

Bereits im Jahr 1902 initiierte das Dartmouth College in New Hampshire (USA) ein Programm mit dem Titel „Master of Commercial Science". Die Harvard University folgte bald nach und bot 1908 ein praxisorientiertes Lehrprogramm an. Dieses Datum gilt auch als die Geburtsstunde des Master

73

of Business Administration. In der Folgezeit entwickelte die Harvard Business School eine eigene Lehrphilosophie, die vor allem auf Fallstudien basierte – ein Konzept, das die übrigen Anbieter aufgriffen: Weniger abstrakte Theorie vermitteln, sondern stärker im konkreten Dialog mit den Studenten Fallbeispiele klären.

Diese Philosophie wurde in den folgenden Jahrzehnten insbesondere in den USA kontinuierlich weiterentwickelt. Dementsprechend wurden die führenden internationalen Rankings der Vollzeit-MBA-Programme, wie das Financial Times Global MBA-Ranking, jahrelang von amerikanischen MBA-Programmen dominiert. Vor allem in den späten 1990er-Jahren waren die Spitzenprogramme aus den USA das Maß aller Dinge. Der MBA hatte sich in den Vereinigten Staaten – im Gegensatz zu Kontinentaleuropa – als unumstrittener Standard für die Managementausbildung etabliert.

Seit einiger Zeit jedoch ist ein Wandel zu beobachten. So hat sich der Anteil der kontinentaleuropäischen und asiatischen MBA-Programme unter den Top 20 der Welt zwischen 2006 und 2009 verdoppelt. Gleichzeitig ist der Anteil amerikanischer Programme in der Spitzengruppe um etwa ein Drittel zurückgegangen.

Charakteristika europäischer und speziell deutscher MBA-Programme

Was zeichnet nun europäische und speziell deutsche MBA-Programme im Vergleich zu amerikanischen Programmen aus? Oberflächlich könnte man argumentieren, dass europäische Programme mit in der Regel 12 bis 18 Monaten Dauer gegenüber 24 Monaten in den USA kürzer und außerdem mit Blick auf Studiengebühren und Lebenshaltungskosten günstiger sind – zwei Aspekte, die in der Krise durchaus vorteilhaft sein können. Unterschiede zwischen europäischen, speziell deutschen und amerikanischen MBA-Programmen liegen aber auch tiefer, nämlich in der inhaltlichen und methodischen Ausrichtung der Programme – und gerade deutsche Programme scheinen mit dieser Ausrichtung stärker den Zeitgeist zu treffen.

So beklagt beispielsweise der Harvard Business Review, dass ethische Lehrinhalte und die Vermittlung sozialer Führungskompetenzen in amerikanischen MBA-Programmen in der Vergangenheit zum Teil vollkommen fehlten und erst spät – nach Beginn der Wirtschaftskrise und der damit einhergehenden Kritik an amerikanischen MBA-Programmen – eingeführt worden sind. An deutschen Business Schools dagegen sind Themen wie Ethik und Corporate Responsibility schon seit Langem ein fester Bestandteil nicht nur des Curriculums, sondern der grundsätzlichen Ausrichtung der Hochschulen. So hat beispielsweise die Handelshochschule Leipzig bereits 1998 einen Ehrenkodex eingeführt, auf dessen Einhaltung sich alle Studierenden und Mitarbeiter mit ihrer Einschreibung bzw. Vertragsunterzeichnung verpflichten – lange bevor z. B. die Harvard Business School ihre Studierenden medienwirksam per Eid auf ethisches Verhalten verpflichtet hat.

Eigene Methodologie

Auch methodisch gehen europäische und insbesondere deutsche Wirtschaftshochschulen einen anderen Weg als ihre amerikanischen Wettbewerber. So werden Fallstudien auch in Europa bzw. Deutschland als didaktisches Mittel genutzt. Sie sind jedoch nicht die Basis für die Vermittlung von Inhalten, wie dies in den USA fast ausnahmslos der Fall ist. Vielmehr erfolgt die Inhaltsvermittlung insbesondere an deutschen Business Schools von der Theorie hin zum speziellen Fall. Es wird also zunächst ein fundiertes Grundwissen vermittelt, welches anschließend am praxisrelevanten Fall angewendet wird. Diese Vorgehensweise fördert stärker das Denken in allgemein gültigen Prinzipien wirtschaftlichen Handelns und weniger das Nachahmen von vormals erfolgreichen Handlungsmustern – die in der Zukunft unter Umständen nicht mehr erfolgreich sein werden.

Nicht zuletzt sind die europäischen und deutschen Programme in Bezug auf Studierende, aber auch Dozenten wesentlich internationaler aufgestellt als ihre amerikanischen Gegenspieler. So liegt der Anteil internationaler Studierender an deutschen Business Schools mitunter bei 70 und mehr Prozent. Dadurch erhalten Lehrinhalte und Diskussionen innerhalb von Vorlesungen eine globalere Perspektive, und interkulturelle Unterschiede können authentischer adressiert werden.

Ausblick

Insgesamt verdeutlicht der kurze Einblick in MBA-Programme in den USA und in Europa relevante Unterschiede hinsichtlich Struktur, Inhalt, Methodik und Internationalität. Europäische Programme haben jedoch das Potenzial, sich weiter positiv zu entwickeln. Dies haben viele internationale Studienbewerber bereits erkannt.

Der Abschluss eines MBA führt zwar nicht automatisch zu einem Karrieresprung. Er schafft jedoch erste Voraussetzungen dafür, z. B. durch die Förderung interdisziplinären Denkens und der Fähigkeit, in kleinen, meist internationalen Gruppen zu arbeiten und in kurzer Zeit Lösungen für komplexe Probleme zu finden – und das alles in englischer Sprache. Daraus resultieren wertvolle Erfahrungen, die eine internationale Karriere fördern.

Teil 3: Emerging Markets – aktuelle Herausforderungen

Wie Zukäufe nicht zum russischen Roulette werden

Sergey Frank und Dr. Ralf Wagener

Die weltweite Finanzkrise hat die meisten Staaten Osteuropas nicht weniger tief greifend getroffen als die westliche Welt. Dennoch bestehen erhebliche Potenziale für Kooperationen und Investitionen in dieser Region. Die Prüfungs- und Beratungsgesellschaft Ernst & Young prognostizierte im Jahr 2009, dass das mittel- und langfristige Wachstum der Weltwirtschaft zukünftig von den Schwellenländern getragen wird. Aus diesem Grund sollen im Folgenden einige Aspekte beleuchtet werden, die bei Investitionen in Osteuropa, insbesondere in den Ländern der GUS, zu beachten sind.

Vertragspartnerschaft oder Direktinvestition?

Der Einstieg in den osteuropäischen Markt muss nicht immer eine Direktinvestition erfordern. Man kann die eigenen Ziele oft auch durch eine reine Vertriebs- oder Technologiepartnerschaft mit etablierten lokalen Partnern erreichen. Dabei sind im Einzelfall Faktoren wie

- logistische Vorteile einer Fertigung im Zielland,
- zoll- und steuerrechtliche Erwägungen,
- Inanspruchnahme von Investitionsanreizen,
- Sicherung der Prozess- und Qualitätskontrolle,
- Schutz des geistigen Eigentums,

- Investitionsbedarf für Eigengründung vs. Profit-Sharing mit Partnern,
- und Verlässlichkeit der lokalen Partner zu beachten.

Naturgemäß ist der entscheidende Faktor für den Erfolg einer Vertriebspartnerschaft die Verlässlichkeit des lokalen Partners. In der Praxis gibt es vielfältige Beispiele, bei denen der lokale Partner ganz eigene Ziele hatte, sich der Kontrolle durch den deutschen Partner entzog und „den Rahm abschöpfte". Dieses Risiko besteht allerdings grundsätzlich auch bei Gemeinschaftsunternehmen.

Neugründung oder Kauf?

Sofern die Entscheidung für eine Direktinvestition in Osteuropa gefallen ist, stellt sich die Frage, ob eine Eigengründung oder der Erwerb eines bestehenden Unternehmens vorteilhafter ist.

Der Kauf bzw. die Beteiligung an einem bestehenden lokalen Unternehmen hat i. d. R. den Vorteil, dass ein etablierter Markt und vorhandene Kundenbeziehungen ebenso wie ein bestehender Mitarbeiterstamm und ggf. notwendige Betriebsgenehmigungen mit gekauft werden können. Andererseits kauft man bei einem Anteilskauf („Share Deal") die gesamte steuerliche und rechtliche Geschichte des Zielunternehmens mit. Im Rahmen einer Due Diligence („DD", Kaufuntersuchung) des Zielunternehmens sollten daher zwingend die wesentlichen Risiken und der tatsächliche Bestand der erhofften Chancen geprüft werden. Dies erfolgt im Zusammenspiel von Investor (Operational DD), Rechtsberatern (Legal DD) und steuerlichen/betriebswirtschaftlichen Beratern (Tax/ Financial DD).

Die Neugründung kann entweder als Green-Field-Investment oder als Mantel-Gründung für einen sogenannten Asset Deal (das heißt die Übernahme des Geschäftsbetriebes ohne Übernahme der rechtlichen Hülle) erfolgen. Letzterer wird häufig durchgeführt, um steuerliche und rechtliche Altrisiken einer bestehenden Gesellschaft nicht zu übernehmen. Allerdings sind auch in diesem Fall der Bestand und das Ertragspotenzial des übernommenen Geschäftsbetriebes zu beurteilen. Dazu gehört auch die Übertragbarkeit von notwendigen Genehmigungen, Patenten und Knowhow-Trägern.

Insbesondere bei Minderheitsbeteiligungen sollte man sich gegen die in den letzten Jahren in der GUS verstärkt aufgekommene Praxis des „Raiding", das heißt der gewaltsamen Übernahme und ggf. Ausschlachtung von Unternehmen, wappnen. Hier kann z. B. eine Auslandsgesellschaft als Beteiligungsvehikel helfen, die 100 Prozent der Anteile an der Inlandsgesellschaft hält. Damit kann verhindert werden, dass z. B. Mitgesellschafter einer russischen OOO (GmbH) mit illegalen Methoden die faktische Beherrschung der Gesellschaft zumindest vorübergehend an sich reißen.

Allgemeine Rahmenbedingungen für Direktinvestitionen – am Beispiel Russlands

Gemäß einer Befragung aus dem Jahr 2008 – also bereits inmitten der Finanzkrise – des Foreign Investment Advisory Council (FIAC), einem Gremium bedeutender ausländischer Investoren in Russland, wird mehrheitlich Russland noch vor China, Indien und Brasilien als der vielversprechendste Markt für die Zukunft beurteilt.

Allerdings wurden in dieser Studie auch wesentliche allgemeine Investitionsbarrieren aufgezeigt: Korruption, nicht ausreichend transparente Gesetzgebung und Rechtssprechung, administrative Hürden und eine Reihe anderer Faktoren wie staatliche Eingriffe in das Wirtschaftsleben, selektive Rechtsanwendung, Komplexität des Steuersystems und neuerdings auch die eingeschränkte Verfügbarkeit qualifizierter personeller Ressourcen.
Sowohl bei den Grundzügen der russischen Steuergesetze als auch im Gesellschaftsrecht wurden starke Anleihen in Westeuropa genommen, allerdings versehen mit einer ganzen Reihe von Fallstricken. Meist ist jedoch die uneinheitliche und oft willkürliche Auslegung der Steuergesetze durch die örtlichen Steuerbehörden das eigentliche Problem.
Ein weiteres, subjektives Problem, auf das ein ausländischer Investor reagieren muss, ist ein gewisser Schlendrian (russisch: Khalatnost) bei einem Teil der Mitarbeiter, der nicht nur zu Effektivitäts- und Qualitätsproblemen, sondern auch zu teilweise tragischen Unfällen führen kann. Nachhaltige Abhilfe kann hier nur durch eine umfassende Schulung und Erziehung der Mitarbeiter in Schlüsselpositionen vor Ort und den Aufbau wirksamer interner Kontrollen geschaffen werden.

Besondere Risiken beim Unternehmenskauf

Hier sollen nur beispielhaft einige Problembereiche angesprochen werden, die im Rahmen einer Financial Due Diligence in den Ländern der GUS erwartet werden können.

Viele Firmengeflechte sind gezielt unter dem Aspekt der Steuervermeidung und auch zur Verschleierung der letztendlichen Eigentumsverhältnisse strukturiert worden. Viele vermögende Russen nutzen ausländische Holdingstandorte für ihre (Re-)Investitionen im Heimatland.

Angesichts der komplexen Strukturen vieler potenzieller Zielgesellschaften und deren Gesellschafter ist es oft schwierig, den tatsächlichen Wertschöpfungsbeitrag und die nachhaltigen eigenen Cashflows des Zielunternehmens festzustellen.

Eine Vielzahl von Transaktionen wird mit verbundenen oder nahestehenden Unternehmen abgewickelt, sodass die nachhaltige und realistische Kostenbelastung und Ertragskraft des Zielunternehmens oft schwer abzuschätzen ist.

Ein Teil der Kosten ist oft nicht in den Büchern der Gesellschaft abgebildet, insbesondere Managementkosten, Immobilienkosten, Mitarbeiterentgelte. Zur Umgehung von Sozialversicherungsabgaben (Unified Social Tax) werden z. B. Arbeitsentgelte häufig bar ausgezahlt und erscheinen nicht in den Büchern. Hier lauern neben einer verzerrten Kostenstruktur erhebliche steuerliche Risiken.

In der Praxis werden Konzernabschlüsse nach lokalem Recht in Russland kaum aufgestellt. Aussagefähige aggregierte Zahlen sind daher für eine Unternehmensgruppe oft nur schwer verfügbar, es sei denn, es wurde ein Konzernabschluss nach internationalen (IFRS) oder US-amerikanischen Rechnungslegungsgrundsätzen (US GAAP) aufgestellt.

Steuer- und Zollrisiken

Teilweise unklare oder widersprüchliche Regelungen, uneinheitliche Rechtsauslegung durch die Steuer- und Zollbehörden und eine weitverbreitete Praxis aggressiver Steuervermeidung machen eine gründliche Tax Due Diligence unvermeidlich. So „klebt" z. B. in Russland das Haftungsrisiko für nicht oder nicht ordnungsgemäß entrichtete Einfuhrzölle an der importierten Ware, sodass man sich auf „Grau-Importe" über Mittlerfirmen nicht einlassen sollte.

Wichtige Vermögensgegenstände (Immobilien, Nutzungsrechte für Immobilien, Patente und andere Rechte etc.) sind häufig rechtlich nicht Eigentum der Zielgesellschaft, sondern der Gesellschafter oder verbundener Unternehmen.

Lokale Unternehmen werden häufig anhand einer Pro-forma-Nebenbuchhaltung für Controllingzwecke (Management Accounts) gesteuert, die sich oft nur sehr mühsam oder gar nicht zu den offiziellen Büchern überleiten lässt.

Das System der internen Kontrollen ist oft mit westlichen Standards nicht vergleichbar. Obwohl der Eigentümer meist die wesentlichen Prozesse zentralistisch kontrolliert, besteht oft kein wirkliches System interner Kontrollen. Börsennotierte westeuropäische Kaufinteressenten tun gut daran, vor dem Erwerb eines osteuropäischen Unternehmens zu prüfen, ob das potenzielle neue Tochterunternehmen die Erfordernisse der internen und externen Unternehmenskommunikation des Mutterunternehmens zeitlich und qualitativ erfüllen kann.

Suchen Sie sich die richtigen Verbündeten!

Holen Sie sich daher frühzeitig Verbündete mit landesspezifischem Knowhow ins Boot. Gerade bei inhabergeführten Käuferunternehmen steht oft der Business Case im Vordergrund, sodass manchmal bereits Tatsachen geschaffen werden, ohne ein Mindestmaß an Risikovorsorge getroffen zu haben. Das kann teuer werden. Auf der anderen Seite haben solche unternehmergeführten Projekte den Vorteil kurzer Entscheidungswege und des Willens zum Ergebnis. Nicht umsonst wurden viele erfolgreiche deutsche Direktinvestitionen von großen deutschen Mittelständlern realisiert.

Für die Abwicklung der Transaktion sollten Sie qualifizierte Berater mit einer Repräsentanz vor Ort, landesspezifischem Hintergrundwissen und einem lokalen Netzwerk hinzuziehen. Achten Sie auf vergleichbare und nachvollziehbare Referenzen. Als politische Helfer und Verbündete stehen bei Ihrer Investition regionale Investment-Komitees, die Wirtschaftsabteilungen der Botschaften und Konsulate der Bundesrepublik und die deutschen Außenhandelskammern zur Verfügung.

Fazit

Investitionen in Osteuropa sind komplex und mit erheblichen Risiken versehen. Mit einer soliden Vorbereitung, einem guten Business Case und den richtigen Verbündeten können sie jedoch gleichwohl ein Erfolg werden. Von den 51 durch den FIAC befragten, in Russland investierten Firmen würden 50 ihre Investition in Russland heute trotz Krise wieder vornehmen.

Personalsuche in Emerging Markets

Sergey Frank

„War for Talents" – Wie finde und behalte ich die richtigen Köpfe in Emerging Markets

China, Brasilien und Indien verzeichnen nach der Krise wieder erhebliche Wachstumszuwächse. Auch Russland erholt sich nach und nach von der Krise, die das Land im Vergleich zu den anderen BRIC-Staaten zweifellos am stärksten getroffen hat. Und hier geht es in einem wichtigen Teilaspekt darum, Führungskräfte mit dem richtigen Knowhow zu gewinnen und vor allem auch zu behalten. Die Fluktuation von Managern ist in den Emerging Markets relativ hoch. Dies hat oft einen erheblichen Zeit- und Geldverlust sowie Abfluss von Knowhow zur Folge. Im Folgenden wollen wir daher das Thema der richtigen Personalsuche in Emerging Markets näher beleuchten und gleichzeitig die Frage beantworten, wie man im lokalen Unternehmen Loyalität auch nachhaltig herstellen kann.

Der Globalisierungsprozess, also die wirtschaftliche, politische und kulturelle Vernetzung der Welt, schreitet immer weiter voran. Von der Entscheidung, im Ausland zu investieren, bis hin zur funktionierenden Niederlassung ist es jedoch ein weiter Weg. Häufig besteht der erste Schritt darin, eine einzelne Person in das Land zu schicken, um dort Fuß zu fassen. Erst wenn das Unternehmen so einen Marktzugang gewonnen hat, ist es bereit zu expandieren, um seine Position zu stärken. Der zentrale Faktor in diesem Prozess ist die Auswahl des geeigneten Personals. Doch wie soll ein Unternehmen mit Sitz in Frankfurt qualifizierte Mitarbeiter in einigen tausend Kilometern Entfernung finden? Wie kann man Kontakt aufnehmen mit Menschen, deren Sprache man nicht spricht und deren Kultur man nicht kennt? Und überhaupt – was braucht man alles für die Gründung einer Firma in einem fremden Land? Und wie soll das alles neben dem eigentlichen Geschäft funktionieren, das ja auch irgendwie weiterlaufen muss?

> Das ist der klassische Fall dafür, die Sache nicht allein mit Bordmitteln anzugehen, sondern eher eine qualifizierte Personalberatung einzuschalten und einen internationalen Suchauftrag zu vergeben. Das wichtigste Element internationaler Suchaufträge ist dabei, die Mentalität und die Gepflogenheiten des Ziellandes zu verstehen. Emerging Markets sind sehr interessante, aber auch äußerst facettenreiche Märkte.

International agierende Personalberatungen verfügen nicht nur über Kontakte in den entsprechenden Ländern und technische Erfahrung in der Rekrutierung, sondern auch über Kenntnisse des Landes, der Bevölkerung und der Besonderheiten, die unbedingt beachtet werden sollten. Denn kulturelle Unterschiede sind einer der größten Stolpersteine im Globalisierungsprozess. Auch wenn alle wirtschaftlichen Voraussetzungen für eine erfolgreiche Expansion ins Ausland gegeben sind, können Unternehmen leicht ins Straucheln kommen, wenn sie diese Gegebenheiten unberücksichtigt lassen.

Sprach- und Kommunikationsbarrieren

Bei internationalen Suchaufträgen stellt sich in erster Linie natürlich das Sprachproblem, da der Klient meist nicht die Landessprache spricht und Englisch gerade in den osteuropäischen Ländern und in Russland keine Selbstverständlichkeit ist. Ein zuverlässiger Dolmetscher kann dieses Problem überbrücken. Allerdings gibt es noch weitreichendere Kommunikationsschwierigkeiten, die auf kulturelle Unterschiede zurückzuführen sind. So kann ein Gespräch schon deshalb scheitern, weil man mit der unpassenden, hierarchisch falsch angesiedelten Person spricht. Denn in Russland beispielsweise liegen Entscheidungskompetenzen häufig bei bestimmten Personen, ohne deren Anwesenheit ein Weiterkommen in Gesprächen nicht möglich ist. Außerdem ist Englisch nicht gleich Englisch: Nuancen in der Kommunikation können entscheidende Unterschiede ausmachen, und gerade wenn zwei Nicht-Muttersprachler auf Englisch miteinander kommunizieren, können Missverständnisse entstehen.

Kulturelle Unterschiede

Internationale Suchaufträge bedeuten manchmal die Vermittlung zwischen zwei Welten: Auf der einen Seite steht der kulturell und mentalitätsmäßig westlich geprägte Klient, der zusätzlich unter den speziellen Einflüssen der eigenen Unternehmenskultur steht. Dem gegenüber stehen die Kandidaten aus dem Zielland, die eine andere Sprache sprechen und ein eigenes kulturelles Verständnis mitbringen. Häufig überträgt der westlich geprägte Klient seine Vorstellungen von Menschen und Organisationen eins zu eins auf die neue Situation. Das kann allerdings unmöglich funktionieren: Obwohl es gerade zwischen der deutschen und der russischen Kultur große Überschneidungsfelder gibt und insbesondere die Medien dazu beitragen, dass es in bestimmten Lebensbereichen eine Konvergenz der Kulturen gibt, bestehen grundlegende kulturelle Unterschiede zwischen den verschiedenen Ländern. Und auch wenn Russland geographisch wesentlich näher liegt als z. B. das exotische China, sollte man diese Unterschiede keinesfalls unterschätzen.

Prinzipiell sollte man in jedem Emerging Market andere zeitliche Maßstäbe anlegen: So spricht man in Ungarn von einem Zeitfaktor zwei, in Polen vom Faktor drei und in der Ukraine und Russland sogar vom Faktor vier. Dies bedeutet, dass viele Prozesse etwa viermal so lang dauern wie in Deutschland oder anderen westlichen Kulturen.

Auch das Verständnis von Recht und Gesetz ist in diesen Ländern unterschiedlich: Gerade die Deutschen sind meist sehr gesetzestreu und verhalten sich gemäß den geltenden Regeln. Das ist in Russland nicht unbedingt der Fall, da Gesetze sehr stark der individuellen Auslegung unterliegen. Mündliche Vereinbarungen sind vergänglich, schriftliche Fixierungen hingegen ein Muss. Überhaupt trifft man in den osteuropäischen Ländern oft auf ein in der Vergangenheit begründetes dezidiertes Sicherheitsbedürfnis. Bei Vertragsabschlüssen ist es daher sinnvoll, einen Experten in Sachen Arbeitsrecht hinzuzuziehen, um sich abzusichern.

Wie finde ich die richtigen Personen?

Bei internationalen Suchaufträgen geht es nicht allein darum, geeignetes Personal für die zu besetzenden Stellen zu finden, sondern es gilt auch, dem

Klienten mit Rat und Erfahrungswerten aus dem Zielland zur Seite zu stehen und ihn mit Hinweisen, Vorschlägen oder Ansprechpartnern zu unterstützen. Klienten, die ihr Geschäft international ausbauen wollen, haben häufig noch keine allzu konkreten Vorstellungen von der Vorgehensweise und davon, was sie im Zielland erwartet. Im Erstgespräch werden solche Unsicherheiten schnell deutlich. Personalberatung bedeutet in diesen Fällen nicht nur, den Klienten mit guten Branchen- und Marktkenntnissen zu unterstützen, sondern ihn auch auf die Besonderheiten im Ausland vorzubereiten und ihm bei der Umschiffung einiger Klippen zu helfen.

Im Erstgespräch werden daher die Bedürfnisse und Wünsche des Klienten besprochen, um herauszufinden, was genau benötigt wird. Dabei kommt es immer wieder vor, dass die Positionsbezeichnung und ihre Verankerung in der Unternehmensstruktur während des Gesprächs unter anderen Gesichtspunkten überdacht und grundlegend verändert wird. Unternehmen neigen dazu, ihre russische Tochtergesellschaft zu hoch in der Organisationsstruktur anzusiedeln: Der Geschäftsführer, der sogenannte Generaldirektor, soll beispielsweise – ebenso wie die Geschäftsführer anderer Tochtergesellschaften – direkt an die deutsche Geschäftsleitung berichten. Diese in anderen Ländern erfolgreiche Konstellation lässt sich jedoch nicht ohne Weiteres auf russische Gesellschaften übertragen: In den osteuropäischen Ländern herrscht eine sehr stark ausgeprägte Personenorientierung. Anstelle von Prozessen und dem Erreichen von Meilensteinen gibt es eine Fokussierung der Kommunikation auf Personen, die die alleinige Entscheidungskompetenz haben. Dieses im geltenden Hierarchieprinzip begründete Verhalten führt dazu, dass seitens des westlichen Hauptquartiers eine sehr enge Kommunikation mit der Tochtergesellschaft erforderlich ist. Für einen ständigen Kontakt und operative Belange haben die Mitglieder der Geschäftsleitung aber im Alltagsgeschäft selten Zeit. Aus diesen Gründen ist es sinnvoll, eine (Vertrauens-)Person mit den entsprechenden zeitlichen Kapazitäten mit dem Kontakt zur russischen Tochtergesellschaft zu betrauen, die Prozesse vorantreibt und für alle Belange zur Verfügung steht.

Local oder Expatriate?

Entscheidend ist auch die Frage, ob die Position von einem Kandidaten aus dem Zielland oder von einem Expatriate, also einem Westeuropäer mit beruflichen Erfahrungen im Zielland, besetzt werden soll. Ein Expatriate kennt sich mit westlichen Organisationsstrukturen aus und kann deshalb für die Schnittstelle zur ausländischen Tochtergesellschaft sehr gut geeignet sein. Allerdings kennt er das Land, die Sprache und die kulturellen Gegebenheiten weniger gut als ein Einheimischer, der meist auch über ein besseres Netzwerk und Kontakte verfügt. Außerdem wird ein Expatriate immer deutlich teurer sein als ein Einheimischer. Je nach Position kann die Entscheidung für die eine oder andere Variante sehr entscheidend sein. Derartige Aspekte müssen schon vor dem Beginn der eigentlichen Personalsuche berücksichtigt werden, um ein den Bedürfnissen entsprechendes Stellenprofil zu erstellen.

Die eigentliche Suche

Die Suche nach geeigneten Kandidaten kann seitens der Personalberatung durch die Direktsuche, aber auch durch internetbasierte oder anzeigengestützte Suchen erfolgen.

> Während die anzeigengestützte Suche beispielsweise in Deutschland häufig vor allem für mittlere und höhere Führungspositionen verwendet wird und durchaus Ergebnisse liefert, werden Unternehmen auf dem osteuropäischen und vor allem russischen Markt mit dieser Variante kaum den gewünschten Erfolg erzielen.
> Hier werden Positionen im Wesentlichen durch die Direktsuche besetzt; die Wahrnehmung von Anzeigen (vor allem in Printmedien) ist eher gering. Bevor ein Unternehmen in die Schaltung teurer Anzeigen investiert, sollte es über derartige regionale Unterschiede in der Personalsuche informiert werden, damit die Maßnahmen nicht ins Leere laufen.

Bei der (Direkt-)Suche nach geeigneten Kandidaten ist es entscheidend, vor Ort zu sein, um zeitnah auf Entwicklungen im Suchprozess reagieren zu können. Wenn man nur aus Deutschland heraus agiert, ist die Reaktionszeit sehr lang, und alltäglich anfallende Tätigkeiten wie das persönliche Interview mit einem Kandidaten gestalten sich kompliziert. Um diese Schwierigkeiten zu umgehen, ist eine Zusammenarbeit mit einem sehr eng geknüpften Netzwerk denkbar, das bei der Suche vor Ort Unterstützung bietet.
Auf lange Sicht ist jedoch die eigene Präsenz vor Ort ein entscheidendes Kriterium für den erfolgreichen und zügigen Abschluss der Suchprojekte.

Deshalb ist es für die Personalberatung von Vorteil, über viele dezentral organisierte Niederlassungen in verschiedenen Ländern zu verfügen, um Synergien zu nutzen und sich gegenseitig in Suchprozessen zu unterstützen. Projektbezogene Kooperationen mit verschiedenen internationalen Niederlassungen ermöglichen es der Beratung, global ausgerichtete Aufträge jeder Art anzunehmen und kompetent abzuwickeln.

Wer ist eigentlich mein Gegenüber?

Bei der Auswahl der Kandidaten gilt es, deren Qualitäten genau zu prüfen. Dabei entsprechen die Lebensläufe oft nicht den in Deutschland gängigen Vorstellungen: In Russland sind Berufsanfänger meist noch sehr jung und häufige Arbeitsplatzwechsel sind üblich, da hier eine gewisse „Goldgräber-Mentalität" herrscht. Auf derartige Besonderheiten in den Lebensläufen sollten Sie achten und diese bei der schwierigen Auswahl aus extrem heterogenen Kandidatenportfolios bedenken. Zuverlässigere Informationen über den Kandidaten liefert häufig das Arbeitsbuch, das Arbeitnehmer in Russland führen müssen.

Es gibt einige grundlegende Faktoren, anhand derer Sie die grundsätzliche Tauglichkeit der Kandidaten bewerten können.

- Bei der Auswahl ist zum Beispiel entscheidend, ob die Kandidaten bereits über berufliche Erfahrungen in westlichen Unternehmen verfügen. Kommt ein Kandidat aus russischen Unternehmensstrukturen und ist starke Hierarchien, Personenorientierung und enge Führung gewohnt, so ist er in einer Matrixstruktur eines westlichen Unternehmens kaum einsetzbar. Auch die Zusammenarbeit mit einem geographisch weit entfernten Hauptquartier kann sich unter diesen Voraussetzungen schwierig gestalten. Durch die Überprüfung muss sichergestellt werden, dass der Kandidat in der Lage ist, entgegen der geltenden Maßstäbe eigenverantwortlich zu arbeiten und sich in westliche Unternehmensstrukturen zu integrieren. Gerade junge Kandidaten bringen häufig eine weltoffene Einstellung mit und können sich an die Anforderungen anpassen, aber auch ältere Kandidaten können gegebenenfalls durch gezieltes und kontinuierliches On-the-Job-Training an weniger hierarchische Unternehmensmodelle herangeführt werden.

- Ein weiterer zentraler Punkt sind die Sprachkenntnisse des Kandidaten. Gute Englischkenntnisse sind ein Muss für einen Arbeitsplatz in einem westeuropäischen Unternehmen. Diese Fähigkeit ist aber gerade unter den jungen Arbeitnehmern in Russland inzwischen weit verbreitet, da viele junge Russen im Ausland studieren.
- Erfahrungen zeigen, dass ein weiterer relevanter Punkt die Qualität der Ausbildung ist: Während die technische Ausbildung insbesondere in Russland von meist guter bis sehr guter Qualität ist, gibt es manchmal Defizite in kaufmännischen Aspekten. Auch die Kenntnisse westlicher Standards wie US GAAP oder IFRS sind nicht unbedingt gegeben. Hier haben jüngere Kandidaten oft Wettbewerbsvorteile gegenüber älteren, die noch im alten politischen System ausgebildet wurden.

Das erste Zusammentreffen mit dem Klienten – mehr als ein „Blind Date"

Das erste Zusammentreffen von Kandidat und Klient ist entscheidend für den Erfolg des Rekrutierungsprozesses. Der erste Eindruck zählt bekanntlich sehr viel. Es kann allerdings vorkommen, dass Kandidaten, die auf dem Papier überzeugen, bei der Kandidatenpräsentation eine schlechte Figur machen: Russen wirken oft eher bescheiden und introvertiert, was einen weniger überzeugenden Eindruck beim Klienten hinterlassen kann. Diese Mentalität sollte aber nicht über die sehr gute technische Ausbildung hinwegtäuschen, über die besonders junge Russen verfügen. Aufgabe der Personalberatung ist es hier, den Klienten auf den Kandidaten vorzubereiten. Im Gespräch selbst ist der Berater dafür zuständig, die Atmosphäre aufzulockern und den Kandidaten zu motivieren, damit ein kompetenter Kandidat nicht aufgrund von Mentalitätsunterschieden aus dem Prozess ausgeschlossen wird.

Besonders komplex werden Kandidatenpräsentationen, wenn neben einem Repräsentanten aus dem westlichen Hauptquartier der Geschäftsführer einer bestehenden osteuropäischen Niederlassung zugegen ist und im Entscheidungsprozess mitwirkt. Hier können extreme Unterschiede in der Vorstellung vom Wunschkandidaten aufeinandertreffen, auf die der Personalberater mit besonders viel Fingerspitzengefühl eingehen muss.

Das Closing

Auf einem Megamarkt wie Russland passiert es häufig, dass gute Kandidaten nur kurzzeitig zur Verfügung stehen. Hier gilt die Devise „Time is of the essence": Während westliche Unternehmen sich nach einem persönlichen Gespräch Bedenkzeit nehmen, um mit allen in den Rekrutierungsprozess involvierten Personen Rücksprache zu halten, kann es in Russland passieren, dass sich der Kandidat kurzfristig für ein Angebot eines anderen Unternehmens entscheidet und nicht mehr zur Verfügung steht. Daher ist es in besonderem Maße die Aufgabe der Personalberatung, die Prozesse zügig voranzutreiben und einen engen Kontakt zu den Kandidaten zu halten, bis der Vertrag unterzeichnet wird.

„Vor dem Spiel ist nach dem Spiel"

Endlich kommt es zum Vertragsabschluss! Damit sollte die Arbeit der Personalberatung eigentlich getan sein. Doch ganz im Gegenteil – gerade bei internationalen Aufträgen fängt jetzt die Arbeit erst richtig an! Es besteht bei vielen Klienten ein zusätzlicher Beratungsbedarf. Wenn der Klient neu auf dem Markt ist, sind die internationalen Erfahrungen der Personalberatung für ihn von besonders hohem Nutzen. Neben der Rekrutierung von Arbeitskräften besteht daher oft auch Bedarf nach einer Beratung in Sachen Personalführung oder Arbeitsrecht. Häufig wird der Umgang mit regionalspezifischen Schwierigkeiten ausführlich diskutiert. So stellt sich zum Beispiel für Neueinsteiger auf dem osteuropäischen Markt immer wieder die Frage nach dem richtigen Führungsstil und dem Umgang mit den Mitarbeitern in der neuen Tochtergesellschaft. Hier empfiehlt sich die Anwendung des Mikromanagements: Enge Führung und enge Kommunikation mit den Mitarbeitern werden nicht als übermäßige Kontrolle wahrgenommen, sondern gelten als gängige Managementmethoden. Auf diese Weise kann der Arbeitgeber sicherstellen, dass er über die Abläufe in der Tochtergesellschaft und eventuelle Schwierigkeiten informiert ist.
Hinsichtlich des Informationsflusses sollte auch bedacht werden, dass in Russland (ähnlich wie in Asien) das Wahren des Gesichts ein ganz entscheidender Faktor ist. Daher werden negative Entwicklungen möglicherweise verschwiegen, um das Gesicht nicht zu verlieren, obwohl eine offene Heran-

gehensweise ein Einlenken und Verbessern der Situation ermöglicht hätte. Unter diesem Aspekt ist die Etablierung einer Führungsperson, die fortlaufend für die Anliegen der russischen Tochtergesellschaft zuständig ist, essenziell. Damit wird sichergestellt, dass ein Ansprechpartner vorhanden ist, zu dem sich eine vertrauensvolle Beziehung entwickeln kann. Auf diese Weise kann das Problem vermindert werden.

Eine besondere Rolle spielt in Osteuropa auch das Feedback: Während die Feedback-Kultur in Deutschland weniger stark ausgeprägt ist und Mitarbeiter oft nur Rückmeldung erhalten, wenn eine Sache schlecht abgewickelt wurde, ist in Osteuropa eine objektive bzw. motivierende Feedback-Kultur verbreitet. Ein ermunterndes und bestätigendes Feedback kann in Sachen Motivation und Leistung der Mitarbeiter Wunder wirken.

Ein weiteres Problem insbesondere in Russland ist die oft hohe Fluktuation bei Führungskräften. Entgegen der teilweise vorherrschenden Meinung haben auch Personalberatungen ein großes Interesse daran, dieses Problem zu beheben, da nur Kandidaten, die dem Unternehmen erhalten bleiben, wirklich gute Kandidaten sind. Personalberater können dem Klienten dabei Hinweise auf folgende Anreize geben, um einen Verbleib der Führungskraft im Unternehmen zu begünstigen:

Abbildung 5: Wie man Mitarbeiter erfolgreich bindet

Fazit

Die Personalsuche im internationalen Umfeld ist eine sehr komplexe, aber immer stärker gefragte Tätigkeit. Begründet ist die Nachfrage vor allem in dem Bedürfnis nach professioneller Unterstützung bei der Überwindung geographischer und kultureller Distanzen.

Die Invesition in Russland und anderen Emerging Markets, vor allem auch in das Humankapital, ist nicht einfach und mitunter zeitraubend. Wenn man jedoch alle obigen Erwägungen beachtet und Zeit sowie Interesse in die vorhandenen Mitarbeiter vor Ort investiert, ist dies eine Investition, die sich nicht nur mittel-, sondern vor allem langfristig sehr positiv entwickeln wird.

Vergütung in Emerging Markets – Für ein paar Dollar mehr?

Sergey Frank und Maria Smid

Emerging Markets zeichnen sich einerseits durch die Vorteile eines enormen Marktpotenzials, interessanter Kooperationsmöglichkeiten, günstiger Arbeitskraft und neuer Rohstoffquellen aus. Andererseits sind sie aber auch durch die Volatilität von Währungskursen, Ausfallrisiken und mögliche politische Interventionen gekennzeichnet. Was von ausländischen Investoren jedoch oft unterschätzt wird, sind die Schwierigkeiten in den Arbeitsmärkten. Russland ist ein Paradebeispiel für die Problematik eines dynamisch wachsenden, jedoch auch unberechenbaren Marktes. Die Vergütung zeigt spannende Entwicklungen, die in einem Emerging Market erst nach einigen Jahren Realität werden.

Der Arbeitsmarkt im Wandel der Zeit

Der Ansturm durch ausländische Unternehmen und der enorme Wirtschaftsboom der vergangenen Jahre haben dem Arbeitsmarkt in Russland stark zugesetzt. Trotz Landflucht (an erster Stelle Richtung Moskau) und einer demographisch jüngeren Gesellschaft als z. B. in Westeuropa stieg die Nachfrage nach qualifizierten Mitarbeitern innerhalb der letzten zehn Jahre überproportional an.

Gewinnung und Bindung von Schlüsselkräften wurden vor allem für internationale Unternehmen zur Herausforderung. Diese waren nicht nur mit der allgemein hohen Nachfrage nach Arbeitskräften konfrontiert, sondern konkurrierten auch mit russischen Großunternehmen, die „überzogene" Gehaltsforderungen von Bewerbern bereitwilliger erfüllten. Mitarbeiter bevorzugten die lokalen Unternehmungen nicht nur deswegen, sondern vor allem auch aufgrund der längeren Karriereleiter, die bei ausländischen Niederlassungen schlichtweg nicht gegeben sind. Während in vielen Emerging Markets eine Anstellung in einem ausländischen Unternehmen als Prestigesache gilt, diente diese in Russland eher als Sprungbrett für eine Karriere in einem russischen Konzern.

Weiterhin darf nicht vergessen werden, dass Russland erst in den 1990er-Jahren die Transformation vom Einkäufer- zum Verkäufermarkt durchlief und sich mit diesem Wandel innerhalb kürzester Zeit die gesamte Unternehmensstrategie sowie zahlreiche Berufsbilder veränderten. Dies bedeutete einen Paradigmenwechsel: Plötzlich stand nicht mehr das Beschaffungswesen im Mittelpunkt, sondern der erfolgreiche Verkauf. Auch ein gewisses Knowhow wird erst seit einigen Jahren wertgeschätzt und angeboten, wie z. B. International Accounting, bestimmte Bereiche des Anlagenbaus oder der Forschung. Diese Einflüsse im Zusammenspiel mit den demographischen Gegebenheiten und der hohen Nachfrage erklären, warum Führungskräfte in Russland durchschnittlich bis zu 10 Jahre jünger sind als ihre deutschen Kollegen.

Auswirkungen der Wirtschaftskrise

Durch die hohe Nachfrage nach qualifizierten Mitarbeitern wuchsen die Gehälter überdurchschnittlich rasch mit jährlichen Steigerungsraten von 15 bis 25 %. Während die meisten CEE-Länder sich nur schrittweise dem westeuropäischen Standard nähern, haben sich im Großraum Moskau in diversen Bereichen Gehälter auf westeuropäischem Niveau etabliert. Die Unterschiede in Struktur und Höhe sind jedoch enorm. So können Gehaltsspannen innerhalb einer Position in unterschiedlichen Unternehmen das 20- bis 30-fache ausmachen. Und die Durchschnittsgehälter bestimmter Regionen liegen oft nur bei etwa 30 bis 40 % der Moskauer Gehälter.

Durch die Auswirkungen der Finanzkrise wurden die hohen Gehaltssteigerungen gebremst. Sie liegen mit weniger als 10 % im Jahre 2010 etwa gleich auf mit der prognostizierten Inflationsrate. Und auch die Situation auf dem Arbeitsmarkt ist deutlich entspannt. Während Unternehmen in den vergangenen Jahren händeringend nach qualifiziertem Personal suchten, mussten sie aufgrund der Wirtschaftskrise plötzlich Entscheidungen zur Personalkostenreduktion wie Aufnahmestopps, Kurzarbeit, Lohnkürzungen oder Entlassungen treffen. Auch die Fluktuationsrate und Gehaltserwartungen von Bewerbern sind inzwischen spürbar moderater als noch in den letzten Jahren.

Neupositionierung der Human Resources (HR)

Was die Arbeitsmarktsituation weiter belastet, ist die noch kaum ausgeprägte Loyalität von Mitarbeitern zu ihrem Unternehmen und der starke Fokus auf kurzfristige Anreize. Steht ein lukratives Angebot in Aussicht, ist ein Mitarbeiter rasch bereit, seinen alten Arbeitsplatz aufzugeben. Durch die Wirtschaftskrise gewinnt die Arbeitsplatzsicherheit jedoch wieder etwas an Bedeutung.

Ein weiteres Problem, womit vor allem Emerging Markets kämpfen, ist die kaum vorhandene oder zur Gänze fehlende Personalstrategie. Eine Personalabteilung, so vorhanden, hat in erster Linie die Aufgabe der Personalsuche und der rechtlichen sowie buchhalterischen Abwicklung von HR-Agenden. Sie ist im besten Fall eine Stabstelle im Unternehmen. Eine mittel- bis langfristige Strategie in Anlehnung an die Unternehmensausrichtung bleibt dabei auf der Strecke. Dies gilt nicht notwendigerweise nur für einheimische Unternehmen. Auch internationale Investoren finden sich oft in diesem Dilemma, wenn eine globale HR-Strategie im Konzern fehlt oder der russische Markt – irrtümlicherweise – als zu unberechenbar für längerfristige Ausrichtungen wahrgenommen wird.

Doch eine solide und nachhaltige Personalstrategie ist gerade in volatilen Märkten unumgänglich. Es genügt nicht, auf kurzfristige Veränderungen kurzfristig nach Art einer „Hire and Fire"-Mentalität zu reagieren. Gerade ein unsteter Arbeitsmarkt und immense Gehaltsspannen erfordern ein wohldurchdachtes HR-Management mit der Unternehmensstrategie als Basis, da sich Personalstrategien je nach langfristigem Unternehmensziel substantiell unterscheiden (z. B. Marktneueintritt vs. Wachstum vs. Sicherung des Marktanteils).

Implikationen auf die Vergütungspraxis

Gerade in der Russischen Föderation haben sich durch den Boom der letzten Jahre und die dadurch enormen wirtschaftlichen Möglichkeiten Extremrelationen zwischen fixem und variablem Gehaltsanteil gezeigt. So gab es Außendienstmitarbeiter, die ein Grundgehalt von 20 % und einen Provisionsanteil von 80 % erhielten. Der variable Anteil ist typischerweise vertraglich festgelegt und orientiert sich an vorab definierten Bezugsgrößen wie

Gewinn- und Umsatzgrößen und auch qualitativen Kenngrößen wie Führungsstil und Kundenzufriedenheit.

Bezugsgrößen der variablen Vergütung in Prozent (Kienbaum „Gehaltsumfrage Russische Föderation 2009/2010")

Bezugs-größe	Geschäfts-führer	Führungs-kräfte	Experten Spezialisten	Fachkräfte	Arbeiter
Umsatz-größen	50	46	30	41	28
Gewinn-größen	60	55	38	20	13
Qualitative Größen	30	56	63	58	72
Sonstige Bezugs-größen	25	15	13	18	22

Während das Grundgehalt auch 2010 gestiegen ist, sind die effektiv ausbezahlten variablen Bezüge um durchschnittlich 30 bis 50 % zurückgegangen. Es ist daher anzunehmen, dass Arbeitnehmer in Zukunft mehr Gewicht auf ein adäquates Fixgehalt legen und der variable Anteil in Relation dazu geringer sein wird. Den Unternehmen ermöglicht allerdings eine variable Vergütung deutlich mehr Bewegungsfreiheit, da während wirtschaftlich schwieriger Phasen nicht sofort Personalabbau vorgenommen werden muss, sondern die Personalkosten mit dem Unternehmenserfolg „mitatmen". In profitablen Jahren können die Mitarbeiter gemäß ihrer Leistung an den erzielten Überschüssen des Unternehmens partizipieren.

Fazit

Die Herausforderungen eines volatilen Marktes wie jenem in der Russischen Föderation sind enorm: Arbeitsmarktengpässe und die damit verbundenen Schwierigkeiten der Mitarbeitergewinnung, Bindung von Schlüsselkräften,

Vergütungsstrukturen in Form von Anreizsystemen, angepasst an die lokalen Verhältnisse und die individuelle Unternehmensstruktur, adäquate Gehälter bei enormen Bandbreiten, rechtliche und buchhalterische Feinheiten etc. Die Zukunft einer erfolgreichen Investition in einem Emerging Market liegt in der erfolgreichen Bewältigung all dieser Faktoren. Diese kann nicht dem Zufall überlassen werden. Es bedarf einer langfristigen, strategisch ausgerichteten und soliden Personalpolitik, die für internationale Investoren bereits im Hauptquartier beginnen muss. Klar ist, dass der russische Arbeitsmarkt für Personalisten auch in Zukunft eine Herausforderung bleibt.

Arbeitsrecht und Personalmanagement in der chinesischen Gegenwart

Sergey Frank und Dr. Iris Duchetsmann

Die aktuellen wirtschaftlichen Entwicklungen stellen Personalmanager in China vor neue Herausforderungen. Die ehemals von der boomenden Wirtschaft verwöhnten Unternehmen mussten in der Krise einen bisher unbekannten Personalabbau meistern und stehen nun im beginnenden Aufschwung erneut vor einem „War for Talents". Steigende arbeits- und sozialrechtliche Anforderungen tragen zudem nicht zur Erleichterung der Personalarbeit bei.

Herausforderungen durch wirtschaftliche Rahmenbedingungen

Im Jahr 2009 verzeichneten vor allem ausländische Unternehmen aufgrund ihrer globalen Aufstellung und Exportabhängigkeit in China erhebliche Umsatzeinbrüche – für die in den letzten 30 Jahren wachstumsverwöhnte chinesische Wirtschaft und ihre Unternehmen ein noch nie dagewesenes Erlebnis mit erheblichen Auswirkungen auf das Wirtschaftsklima und die Erwartungen. Dank des enormen Förderpakets der chinesischen Regierung zum Antrieb der Inlandsnachfrage und zur Schaffung von Jobs in Infrastrukturprojekten hat sich die Wirtschaft schneller als im globalen Vergleich erholt. Für 2010 wird ein Wachstum von über 9 % erwartet.

Marktanteile sortieren sich in vielen Branchen gerade neu und nur wenigen Unternehmen gelingt es, in der jetzigen Zeit ihre Position zu sichern oder sogar auszubauen. Obwohl die direkten Lohnkosten weit unter denen in Deutschland liegen, ist ein Anstieg des Personalkostenniveaus zu bemerken. Im Wettbewerb um Arbeitskräfte haben die Lokalregierungen einiger wichtiger Wirtschaftsstandorte (Shanghai, Jiangsu, Guangdong) die lokalen Mindestgehälter erheblich erhöht, teils bis zu über 20 %. Zunehmend bieten auch staatliche Unternehmen attraktive Beschäftigungsbedingungen und treten so mit privaten Unternehmen in den Wettbewerb um qualifizierte Mitarbeiter. Hohe Fluktuationsraten sowie steigende Weiterbildungsforderungen stellen weitere Ausgaben für die Unternehmen dar. Zudem bergen steigende rechtliche Anforderungen und Unsicherheiten Risiken. Um nun wettbewerbsfähig zu bleiben, müssen Unternehmen ihre Personalstrukturen bereinigen, HR-Prozesse optimieren sowie rechtliche Risiken minimieren.

Rechtliche Risiken vermeiden trotz Flexibilisierung

In China wurden in den letzen Jahren verschiedene Gesetze verabschiedet, die Arbeitnehmern umfangreiche Schutzrechte garantieren und zunehmende rechtliche Anforderungen an die Personalarbeit stellen. Allerdings zeigt sich, dass diese bisher in den Provinzen und Städten nicht einheitlich implementiert und angewendet werden. Dies stellt Personalverantwortliche vor zusätzliche Schwierigkeiten, da Mitarbeiter an verschiedenen Standorten innerhalb Chinas nicht zwingend einheitlich behandelt werden und Prozesse unterschiedlich abgewickelt werden müssen, so beispielsweise hinsichtlich der Befristung, Arbeitszeit und internen Richtlinien. Während einige der neuen arbeits- und sozialversicherungsrechtlichen Vorschriften in China ausländische Unternehmen weniger beeinflussen, da diese bereits in der Vergangenheit regelmäßig schriftliche Arbeitsverträge geschlossen, Mindestlöhne gezahlt und Sozialversicherungsbeiträge abgeführt haben, wirken sich insbesondere Befristungs- und Kündigungsvorschriften auch für sie aus.

Flexibilisierung

Flexibilisierung durch befristete Arbeitsverträge, wie dies in der Vergangenheit üblich war, ist nun nur noch eingeschränkt, in der Regel für zwei Zeiträume, möglich. Danach haben Mitarbeiter grundsätzlich Anspruch auf einen unbefristeten Anstellungsvertrag. Im Falle der Missachtung droht eine empfindliche Sanktion in Form eines doppelten Gehaltsanspruchs.

Auch im Bereich der Zeitarbeit wurden die Rahmenbedingungen verschärft: Arbeitsverträge müssen für mindestens zwei Jahre geschlossen werden und auch hier gilt während der aktiven Phase der aus Deutschland bekannte „equal pay"-Grundsatz. Allerdings wird derzeit diskutiert, ob auch Leiharbeitnehmer den Anspruch auf einen unbefristeten Anstellungsvertrag mit der jeweiligen Agentur haben sollten – dieser ist in der Regel teuer für die Einsatzunternehmen.

Kostenoptimierung

Das chinesische Arbeitsrecht lässt in begrenztem Umfang Kostenoptimierungspotenzial bei den Arbeitsbedingungen zu. So sollte insbesondere bei Managementpersonal und anderen Arbeitnehmern, deren Tätigkeit zwingend unregelmäßige Arbeitszeiten erfordert, darauf geachtet werden, dass ein flexibles Arbeitszeitmodell Anwendung findet, um Überstundenzuschläge zu vermeiden. Optimierungspotenzial besteht auch im Bereich der Vergütung durch Einführung leistungsorientierter Vergütungsmodelle. Dies, ebenso wie die Übertragung von Urlaubsansprüchen, die im Fall der Verwehrung aus betrieblichen Gründen zu 300 % abzugelten sind, bedarf wie in Deutschland einer Vereinbarung.

Arbeitsrechtliche Sanktionen

Um für den Fall des Falles arbeitsrechtliche Sanktionen oder auch Kündigungen wirksam vornehmen zu können, müssen die neuen kündigungsrechtlichen Vorschriften beachtet werden: Für eine arbeitgeberseitige Kündigung ist ein Kündigungsgrund erforderlich. Diese Vorschriften regeln das Arbeitsvertragsgesetz und seine Ausführungsbestimmungen umfassend und lassen dem Arbeitgeber hierbei wenig Spielraum für individuelle Gestaltung. Von erheblicher Bedeutung sind daher sogenannte Mitarbeiterhandbücher, die, wenn sie wirksam in einem demokratischen Verfahren integriert sind, Verhaltensrichtlinien definieren und für Verstöße arbeitsrechtliche Sanktionen sowie Kündigungen ohne Abfindungsanspruch rechtfertigen können.

Bereinigung von Personalstrukturen und Personalabbau

Um den Aufschwung erfolgreich zu meistern, bleibt es nicht aus, bestehende Personalstrukturen zu bereinigen und gegebenenfalls auch Personal abzubauen. Hierbei sind oft – mehr noch als in Europa – Fingerspitzengefühl und Kommunikation erforderlich.

Strukturelle und rechtliche Rahmenbedingungen

Mitarbeiter sind häufig ihren direkten Chefs gegenüber sehr loyal, was zum einen die Übernahme durch den Nachfolger erschwert, zum anderen jedoch auch dazu führt, dass diese Arbeitnehmer mit ihrem Vorgesetzten wechseln oder anderweitig kündigen. Darüber hinaus bestehen oftmals innerhalb der offiziellen Organisationen verborgene Schattenstrukturen. Es ist daher wichtig, dass eine rechtzeitige Kommunikation in der verbleibenden Organisation erfolgt und neue Manager, wenn möglich durch ihren Vorgänger, richtig positioniert werden.

Ist ein Personalabbau erforderlich, geben das Arbeitsvertragsgesetz und seine Ausführungsbestimmungen zwingend den Rahmen vor. Entlassungen sind nur bei Vorliegen eines gesetzlich geregelten Grundes möglich. Die Kündigung von Schlechtleistern bedarf eines vorherigen Trainings und/oder der Versetzung.

Betriebsbedingte Kündigungen kennt das chinesische Arbeitsrecht grundsätzlich in zwei Varianten:

- Zum einen darf der Arbeitgeber den Vertrag unter Einhaltung oder Abkauf der Kündigungsfrist beenden, wenn insbesondere im Zusammenhang mit M&A-Transaktionen, Verlegungen des Unternehmenssitzes oder der Schließung von Abteilungen der Arbeitsvertrag nicht mehr in ursprünglicher Form vollzogen werden kann, Verhandlungen über eine Anpassung jedoch nicht zu einem Ergebnis führen.

- Darüber hinaus besteht ein Kündigungsrecht im Fall von Massenentlassungen, das heißt, wenn insbesondere Insolvenzrestrukturierungen, erhebliche Schwierigkeiten der Produktion oder des Geschäftsbetriebes, Produktionsänderungen oder die Einführung technischer Innovationen trotz Vertragsanpassungen den Abbau von mindesten 20 Personen bzw. 10 % in kleineren Unternehmen erforderlich machen. In diesem Fall müssen Informationspflichten gegenüber den Gewerkschaften, Mitarbeitern und Arbeitsbehörden sowie eine Art Sozialauswahl und Kündigungsverbote beachtet werden.

Zudem ist ein weiterer Kostenfaktor zu berücksichtigen. Anders als in Deutschland sieht nämlich das chinesische Arbeitsrecht einen gesetzlichen Abfindungsanspruch des Arbeitnehmers vor (in der Regel ein Monatsgehalt je Beschäftigungsjahr), wenn das Unternehmen die Beendigung des Arbeitsverhältnisses veranlasst. Dabei sind jedoch maximal zwölf Beschäftigungsjahre und ein Gehalt von maximal dem dreifachen lokalen Durchschnittsgehalt (z. B. in Shanghai ca. 1.000 Euro) zu berücksichtigen. Achtung ist allerdings geboten, da das Gesetz für den Fall einer unrechtmäßigen Beendigung eine Sanktion in Form einer Verdoppelung des gesetzlichen Abfindungsanspruchs als Alternative zum Weiterbeschäftigungsanspruch vorsieht.

Kulturelle Besonderheiten und Verhandlungsführung

Zwar setzt das chinesische Arbeitsrecht grundsätzlich nicht die Zustimmung der Gewerkschaften oder staatlichen Arbeitsbehörden im Vorfeld von Entlassungen voraus, faktisch ist bei größeren Personalabbaumaßnahmen jedoch dringend zu empfehlen, die lokalen Arbeits- und Polizeibehörden sowie Abteilungen für ausländische Beziehungen oder auch Gewerkschaften entsprechend zu beteiligen. Größeren Umstrukturierungen in ausländischen Unternehmen kann eine nicht unerhebliche politische Bedeutung zukommen. Auch können von aufgebrachten Mitarbeitern organisierte Blockaden, Demonstrationen und Sitzstreiks durch eine gemeinsam mit den staatlichen Behörden geplante geordnete Vorgehensweise vermieden werden.

> Mit Blick auf kulturelle Besonderheiten, nämlich denen der Gesichtswahrung, jedoch auch weil Mitarbeiter ihre Ansprüche bis zu einem Jahr nach Ausscheiden geltend machen können, kann der Abschluss eines Aufhebungsvertrages eine für beide Seiten sinnvolle Lösung sein. In diesem Zusammenhang kann etwa durch die Gewährung von Outplacement eine Qualifizierung, Weiterbildung und Vermittlung der betroffenen Arbeitnehmer erreicht werden. Vor allem das Angebot einer richtig ausgewählten Qualifizierungsmaßnahme im Rahmen eines Outplacementangebots kommt grundsätzlich der starken Lernorientiertheit der chinesischen Mitarbeiter entgegen.

Im Hinblick auf die Aufhebungsverhandlungen sollten sich westliche Manager jedoch von vornherein auf eine unterschiedliche Verhandlungsführung und die Berücksichtigung kultureller Unterschiede einstellen. Dies beginnt bereits beim einzuplanenden Zeitrahmen. Damit der chinesische Mitarbeiter sein Gesicht wahren kann, müssen Aufhebungsverhandlungen in ihrem Gesamtaufwand seitens des Arbeitgebers, d. h. finanziell und zeitlich, dem Verlust entsprechen, den der chinesische Mitarbeiter durch die Kündigung erleidet. Ein Manager, der überzeugt ist, über viele Jahre die lokale Organisation aufgebaut und erfolgreich geleitet zu haben, wird daher voraussichtlich nicht innerhalb einer halben Stunde seine Aufhebung unterzeichnen, sondern vielmehr in verschiedenen Gesprächsrunden seine Erfolge und Leistungen, aber auch den für ihn und möglicherweise seine Familie bzw. das ihn entlassende Unternehmen entstehenden Nachteil diskutieren.

Perspektivisches Personalmanagement und Optimierung

Wesentliche Kostentreiber in chinesischen Unternehmen sind der starke Wettbewerb um qualifizierte Arbeitskräfte und die daraus resultierende hohe Mitarbeiterfluktuation. Sie erschweren den Aufbau und Erhalt einer qualifizierten Arbeitnehmerschaft und Erhöhung der Produktivität. Der sog. „War for Talents" ist ein zentrales Thema, das Personalmanager bewältigen müssen, um ihr Unternehmen zukunftsfähig zu machen.

Auswahl passender Mitarbeiter und Einführung eines Performance Managements

Bereits bei der Auswahl der Mitarbeiter sollten Unternehmen auf eine langfristige Personalpolitik achten. Hohe Qualifikation verspricht zwar gute Leistung, führt jedoch auch zu hohen Erwartungen an das Gehalt und insbesondere an die weitere Entwicklung innerhalb des Unternehmens. Enttäuschte Top Performer verlassen das Unternehmen schnell wieder. Schlecht qualifizierte Arbeitnehmer sollten bereits in der Probezeit identifiziert werden, denn danach greift der allgemeine Kündigungsschutz.
Auch die Herkunft und der Aufenthaltsort der Familie kann die Verweildauer des neuen Mitarbeiters beeinflussen: Kommt die Familie nicht mit an den neuen Arbeitsort, ist die örtliche Flexibilität des Arbeitnehmers häufig nur von kurzer Dauer, und er wechselt – nach erfolgter Einarbeitung und Qualifizierung – zu einem Arbeitgeber am Wohnort. Dabei ist natürlich zu berücksichtigen, dass die Verfügbarkeit von qualifiziertem Personal regional verschieden ist. Außerhalb der „First-Tier"-Städte sowie Regionen bekannter Universitäten, wie Shanghai, Peking oder auch Nanjing, nimmt die Notwendigkeit zu, frühzeitig Kontakte und Kooperationen mit Universitäten aufzubauen und das Unternehmen zu positionieren.

Bindung qualifizierter Mitarbeiter

In China existiert kein dem deutschen Ansatz vergleichbares, praxisorientiertes Ausbildungssystem, sondern es erfolgt eine überwiegend theoretische Ausbildung. Einige deutsche Unternehmen bilden daher in Kooperation mit der Außenhandelskammer ihre Mitarbeiter in bestimmten Berufen aus und fördern auch deren Weiterbildung. Solche Mitarbeiter sind wertvoll – auch für die Konkurrenz.

> Für chinesische Mitarbeiter ist es in der Regel essenziell, dass sie eine angemessene Vergütung entsprechend dem lokalen und branchenspezifischen Marktniveau erhalten. Mit zusätzlichen Gehaltsbestandteilen wie Bonusvereinbarungen und Sonderzahlungen sowie der Übernahme von Kosten für zusätzliche soziale Absicherung, Verkehrsmittel etc. hat der Arbeitgeber die Möglichkeit, sich von der Konkurrenz abzuheben. Daneben ist es unabdingbar, dem chinesischen Arbeitnehmer eine Entwicklungsperspektive zu bieten und diese auch einzuhalten – sowohl finanziell als auch im Hinblick auf Titel und Position.
> Hierzu werden entsprechende Trainingsmaßnahmen, Seminare und Schulungen erwartet, deren Kosten das Unternehmen durch Trainingsvereinbarungen mit einer angemessenen Bindungsdauer und Rückzahlungsverpflichtung absichern sollte. Bitte beachten Sie jedoch, dass, wie überall auf der Welt, die beste Vergütung und Perspektive nicht hilft, den Mitarbeiter zu binden, wenn die Gesamtorganisation keine faire Behandlung und ein grundsätzlich angenehmes Arbeitsklima gewährleistet.

Fazit

Diese hier aufgeführten Maßnahmen können helfen, Personalthemen in bisherigen Wachstumsmärkten wie China etwas sicherer anzugehen und somit trotz unruhiger Zeiten erfolgreich zu operieren. So gelingt es möglicherweise sogar, die Dynamik des Marktes zum Vorteil zu münzen: eine teilweise Neuaufstellung des Personals bei gleichzeitiger Bindung der Schlüsselkräfte auf allen Ebenen und damit verbunden eine erhöhte Motivation des Personals sowie eine Verringerung der für deutsche Verhältnisse überproportionalen Fluktuationsraten. Deutsche Manager sollten ruhig auf ihre Erfahrungen und die erprobten Grundsätze zurückgreifen – dabei jedoch das nötige Feingefühl für kulturelle Unterschiede anwenden.

Politikberatung und Public Affairs in Emerging Markets

Sergey Frank und Heino Wiese

Nehmen wir an, Sie vertreten ein erfolgreiches deutsches mittelständisches Unternehmen, das mit Ihrem Produkt zu den europäischen Marktführern gehört. Auf einer Industriemesse haben Sie erlebt, wie Ihre Produkte auf starkes Interesse bei russischen Messebesuchern gestossen sind. Sei es, dass Ihre Qualität deutlich überlegen ist oder dass Ihre Technologie überhaupt nicht erhältlich ist innerhalb Russlands und ein potenziell riesiges Absatzgebiet zu erwarten wäre.

Beispielsweise werden momentan viele Autozulieferer eingeladen, sich in Russland zu engagieren, weil die Lieferanten dort nicht über die Technologie und das notwendige Qualitätsbewusstsein verfügen. Überall im Land wird die Automobilindustrie trotz Krise neu aufgebaut. Ob dies durch internationale Hersteller wie Peugeot, Volkswagen und Toyota oder durch die großen russischen Produzenten geleistet wird, ist dabei unerheblich. Überall wird eine Komponentenfertigung benötigt, die Qualitätsanforderungen beinhaltet, die der russische Markt nicht liefern kann. Andere Schwerpunkte der russischen Nachfrage liegen im Energie- sowie im Gesundheitssektor und in der staatlichen Infrastruktur.

Sie wären als Unternehmer nicht alleine mit dieser zunächst angenehmen Nachfragesituation. Nahezu auf allen Gebieten der „typisch deutschen" Produktpalette für den europäischen bzw. Weltmarkt gibt es ein Paralleluniversum an Nachfrage in Russland. Nach wie vor genießt deutsche Technologie einen exzellenten Ruf und nach wie vor haben deutsche Unternehmen gegenüber anderen internationalen Konkurrenten einen Vorteil, weil sie aus russischer Sicht historisch, geographisch und kulturell als näher betrachtet werden als andere.

Nehmen wir weiter an, Sie hätten eine präzise Markt- und Konkurrenzanalyse vorgenommen und wären nach einem intensiven Auswahlprozess mit einem russischen Partner in Verhandlungen über die Gründung eines Joint Ventures eingetreten. Ab jetzt gilt alles, was schon oft zu den Besonderheiten eines wirtschaftlichen Engagements in Russland geschrieben wurde. Dass Sie mehr Zeit mitbringen müssen (Zeitfaktor 4), dass Sie gute Dolmetscher brauchen oder besser noch: eigenes Personal mit Russlanderfahrung, dass Sie Ihren Businessplan an die russischen Gegebenheiten anpassen müssen etc.

Zwischen Erfolg und Risiko

Als letzte Annahme unterstellen wir nun, dass Sie ökonomisch alles richtig gemacht und die Zertifizierung Ihrer Produkte beantragt haben und dass Sie die Zollbestimmungen und die Probleme des Zahlungsverkehrs kennen. Ja, Sie haben sogar vorbildlich viele neue Kontakte in Ihr russisches Partnerunternehmen aufgebaut. Das gegenseitige Vertrauen ist gewachsen. Alles deutet auf Erfolg.

Und dennoch könnten Sie von heute auf morgen urplötzlich aus dem Land geworfen werden. Die Zulieferung bleibt aus, die baulichen Genehmigungen lassen auf sich warten, Sonderkontrollen werden durchgeführt. Irgendwann bedeutet man Ihnen, Sie seien nicht mehr erwünscht auf dem Gebiet der Verwaltungseinheit.

Der Totalverlust einer Investition ist nicht unbedingt das wahrscheinlichste Risiko in Russland. Aber Situationen wie angedeutet kommen vor – als katastrophische Spitze eines Eisbergs aus strategischem Versagen oder Unkenntnis bei der Absicherung des Investments. Ein treffendes Beispiel ist der dramatische Rückzug eines großen deutschen Automobilzulieferers aus dem Moskauer Gebiet im Jahre 2004. Offiziell wurde von einem Verlust von 30 Millionen Euro gesprochen. Nach inoffiziellen Informationen wurden 2002 bis 2004 jedoch über 60 Millionen Euro in Moskau vergraben. Als Grund für den demütigenden Rückzug wurden die aus dem Ruder laufenden Baukosten genannt. Der Hauptgrund war aber wohl, dass man geglaubt hatte, in Russland auch ohne Baugenehmigung bauen zu können.

Handhabung der politischen Dimension

Vielleicht haben Sie die politische Ebene bei Ihrem Vorgehen sträflich vernachlässigt. Sie gingen davon aus, dass Politik in Russland hauptsächlich in Form lokaler Korruptionsbewältigung für Sie relevant sei. Sie glaubten, dass Ihr Geschäftspartner, der aus einem früheren staatlichen Unternehmen hervorgegangen ist, mögliche Probleme schon auf diese oder eine andere Weise

lösen könne. In Ihrem Businessplan gab es keinen Etatposten für Public Affairs. Dafür haben Sie aus vermeintlich guten Gründen auch in Deutschland keinen Planansatz. Ihre Unternehmenspressestelle ist ja mit anderthalb Stellen schon stark ausgerüstet.
Public Affairs, die professionelle Politikberatung für Unternehmen zur Durchsetzung ihrer ökonomischen und außerökonomischen Interessen, so dachten Sie, wäre etwas für Fachverbände und undurchsichtige Lobbyisten-Agenturen in Berlin oder Brüssel, jedenfalls etwas für Großunternehmen und nicht für Sie. Vielleicht hätten Sie ja bei einem vergleichbaren USA-Engagement eine kleine Schar von PA-Fachleuten beauftragt, denn dort existieren schon seit Mitte des vergangenen Jahrhunderts entsprechende Strukturen und eine ausgeprägte Kultur der Verhandlung von Interessen. In Deutschland schien sich das gerade erst zu entwickeln seit dem Regierungsumzug nach Berlin. Und wenn Deutschland in diesem Feld den Amerikanern nun mindestens noch 10 oder 20 Jahre hinterherhinkte – wie sollte man da etwas Ähnliches für Russland im Kopf haben?
Einem Land, das erst ganz allmählich Elemente einer unabhängigen Öffentlichkeit entwickelt und nach dem Zusammenbruch der Sowjetunion zwar grundsätzlich demokratisch eingerichtet wurde, aber nach wie vor strikt autoritär geführt wird. Das Paradoxe ist: Für das Russlandgeschäft ist die Planung von Public Affairs im Blick auf fehlende oder fremdartige Strukturen nicht etwa unwichtiger, sondern viel wichtiger noch als im westlichen System.
Der russische Staat und das politische System sind schwach und stark zugleich. Einer noch unterentwickelten verlässlichen und vor Gericht in ihren Entscheidungen überprüfbaren Verwaltungsstruktur und -kultur stehen schwache staatliche Haushaltsmittel gegenüber. Gleichwohl haben der Staat und seine Führungsinstanzen der Verwaltungsebenen eine potenziell durchschlagende Machtposition. Trotz formal freier Marktwirtschaft gibt es einen nach wie vor riesigen Sektor der staatlich gelenkten Unternehmen und es gibt die politische Fähigkeit, Planungsentscheidungen mit ungeheurer Stringenz und Unnachgiebigkeit durchzusetzen. Gegen die Entscheider in den Exekutiven läuft nichts und ohne ihre Unterstützung ebenfalls nicht. Und glaubt man sich mit allen Behörden bereits verständigt zu haben, kann immer noch ein lokaler Polizei- oder Feuerwehrhauptmann sein Veto einlegen oder das Militär aufgrund von sicherheitstechnischen Bedenken das Projekt stoppen.

Absicherung der Risiken

Ein Investment in Russland sollte daher doppelt politisch versichert werden. Zunächst im eigenen Land. Wer z. B. im Rahmen einer Regierungsdelegation vor Ort unterwegs war, hat später weitaus bessere Karten als der „touristische" Messebesucher auf Partnersuche. Wer z. B. mit Hermes-Bürgschaften operiert, hat nicht nur sein Verlustrisiko eingegrenzt, sondern zapft zugleich die ehrwürdige Ressource zwischenstaatlichen Vertrauens an. Selbst in finsteren Zeiten des Kalten Krieges haben die Russen meist peinlich darauf geachtet, dass die einmal mit ihnen geschlossenen Verträge genau eingehalten wurden.

> Wer sich der Beratung, z. B. des Ostausschusses der Deutschen Wirtschaft, stellt, erhält nicht nur kompetente Information, sondern auch wichtige Kontakte und Ansprechpartner oder Begleitung für Investitionsverhandlungen. Wichtig ist auch, sich der Unterstützung etwaiger europäischer Fachverbände in Russland zu versichern. Die Verbandskultur ist zwar unterentwickelt. Zur Vermittlung von Ansprechpartnern und für die Beratung zu Detailfragen vor Ort sind diese jedoch potenziell sehr wertvoll.
> Wer sich aber auch auf der anderen Seite absichern möchte, sollte sich der Hilfe einer spezialisierten deutschen oder russisch-deutschen Agentur für die Vermittlung und Begleitung von Kontakten mit den russischen politischen Entscheidern versichern. Diese Investition bedeutet nicht nur Risikoabsicherung, sondern mit Sicherheit auch eine deutliche Beschleunigung aller administrativen Verfahren.

Für eine erfolgreiche Geschäftsanbahnung in Russland reicht es jedoch nicht aus, zufällig einen Mitarbeiter zu haben, der in der DDR aufwuchs und Russisch spricht. Im Jahr 2005 hatte eine mittelständische Brauerei ohne Baugenehmigung ein Brauhaus gebaut. Der beschriebene russischsprechende Mitarbeiter hatte eine handschriftliche Erklärung des Vizegouverneurs, dass er persönlich alle Baumaßnamen genehmige. Nach Fertigstellung des Baus war der Vizegouverneur aber nicht mehr im Amt und das private „Genehmigungsdokument" interessierte niemanden mehr. Es dauerte noch mehr als zwei Jahre, bis die Betriebsgenehmigung erteilt wurde. In der Zwischenzeit liefen die Kosten davon.

Daneben gibt es viele weitere Fälle: Die Pipelinebauer, die 15 Millionen Euro von Gazprom nicht bekamen, weil sie die Pipeline durch ein Naturschutzgebiet gebaut haben, zwar als Kundenauftrag von Gazprom, aber ohne politische Absicherung. Und der französische Großkonzern, der seinen neuen

Produktionsbetrieb schließen musste, da durch den um drei Meter zu geringen Sicherheitsabstand zu einer Kaserne eine Bedrohung der staatlichen Sicherheit attestiert wurde.

Politikberatung statt Korruption

Was hätten Sie tun können? Schlagen Sie sich den Gedanken an Schmiermittel aus dem Kopf. Es ist nicht nur illegal, sondern unverantwortlich, gefährlich, kontraproduktiv und unnötig. Sie benötigen eine individuelle Unterstützung, um Ihre konkreten Probleme lösen zu können. Einen Berater, der keine Schmiergeldzahlungen benötigt, um den politischen und administrativen Entscheidern deutlich zu machen, dass der Erfolg Ihres Unternehmens im langfristigen Interesse der Bevölkerung des Verwaltungsgebietes, des Oblast oder der Region ist. Zum Beispiel, weil es um Arbeitsplätze, die Beseitigung von Versorgungsengpässen oder solide Steuerzahlungen geht. Ihr Berater muss dabei aber auch über ein qualifiziertes Netzwerk und ernstzunehmende Verbindungen verfügen, um im Extremfall korrupte und uneinsichtige Stellen des Apparates nachhaltig zu beeindrucken bzw. sie zu entlarven oder zu umgehen.

Fazit

Die Bildung von (verwaltungs-)politischen wie geschäftlichen und perspektivisch gesellschaftlichen Netzwerken ist nicht zuletzt auch eine nachhaltige Investition in die eigene „Marke" und Reputation. In Russland ist es wichtig, nicht allein vom Shareholder Value auszugehen, sondern das Stakeholder-Network zu pflegen. Damit sind all diejenigen gemeint, die als Interessensvertreter direkt oder indirekt an dem Unternehmen beteiligt sind, und dies nicht nur finanziell.

Ein gutes Beispiel für einen derartigen Ansatz war die Herangehensweise eines großen pharmazeutischen Konzerns, der im Rahmen seiner Russland-Aktivitäten in die Region ging, dort eine enge Kooperation mit der lokalen technischen Universität einging, Diplom- und Doktorarbeiten vergab und dort gemeinsam mit der Universität ein Forschungszentrum einrichtete. Die Universität und damit die Region kamen in den Genuss eines nagelneuen Forschungszentrums, das westliche Unternehmen profitierte von der zweifellos großen intellektuellen Kapazität, die an russischen Universitäten insbesondere im naturwissenschaftlichen Bereich vorhanden ist. Das Ganze war auf Mittel-, aber vor allem auf Langfristigkeit ausgelegt und involvierte alle potenziellen Interessensvertreter, auch von politischer Seite, in der Region.

> Je früher man präsent ist und je professioneller dies geschieht, desto profitabler entwickelt sich das Image. Ein feines Markenbewusstsein existiert schon jetzt bei den anspruchsvollen russischen Konsumenten. Es ist zumeist sogar ausgeprägter als bei uns. Und die Öffentlichkeit dort beginnt sich erst richtig zu entwickeln. Wer also hier in Public Affairs investiert, hat nicht nur Vorteile, sondern auch Vorsprünge.

Öffentlichkeitsarbeit in Russland

Sergey Frank und Guntram Kaiser

„Tu Gutes und rede darüber!" Diese – zugegebenermaßen – sehr verknappte Interpretation von Public Relations sollte im Marketing-Mix und Reputationsmanagement aller, die in Russland Geschäfte machen, eine zunehmende Rolle spielen. Denn auch dort ist PR längst zu einem, beispielsweise im Vergleich zu Werbung, kostengünstigen, breit akzeptierten und auf professionellen Füßen stehenden effizienten Instrument der Kommunikation geworden.

Glauben Sie nicht, es mit Anfängern zu tun zu haben! Auch hier haben die Russen in den letzten zwanzig Jahren sehr schnell gelernt und enorm aufgeholt. Seit den frühen 1990er-Jahren entstanden eigene russische Agenturen, von denen viele inzwischen Partnerschaften mit internationalen Agenturen und Netzwerken eingegangen sind. Andererseits drängten internationale Unternehmen in Russland selbst auf den Markt. Mehrere PR-Verbände, die sich u. a. um den Erfahrungsaustausch, aber auch um die Etablierung einheitlicher beruflicher Standards kümmerten, wurden gegründet.

Trotz der vehementen Entwicklungen in den 1990er-Jahren setzte der große Boom der PR in Russland erst mit der Ära Putin und den verbesserten wirtschaftlichen Rahmenbedingungen ein. Im Jahre 2003 waren in der Datenbank des Magazins „Sovetnik" etwa 250 Agenturen registriert; mehr als ein Drittel davon hatten ihren Sitz in Moskau. Und auch die großen russischen Unternehmen und staatlichen Organisationen bauten schlagkräftige PR-Abteilungen für Informations- und Öffentlichkeitsarbeit auf.
In den russischen Regionen, außerhalb der beiden Metropolen Moskau und St. Petersburg, war PR lange Zeit unterentwickelt und unterfinanziert. Erst etwa seit dem Jahr 2000 gewannen die regionalen Märkte an Bedeutung. Heute findet man in jeder größeren russischen Stadt gut aufgestellte Agenturen, die ihr Handwerk verstehen.
Die großen und finanziell lukrativen Aufträge kommen längst nicht mehr aus dem Ausland, sondern werden durch russische Auftraggeber generiert. In den 1990er-Jahren war das noch anders. Damals betrug der Anteil der internationalen Kunden auf dem russischen Markt in manchen Branchen bis zu 85 %.

Die Krise zwingt zum Umdenken

Im Jahre 2009 reduzierte sich das PR-Marktvolumen in Russland im Vergleich zu 2008 um 24 %. Dennoch belief es sich auf stolze zwei Milliarden Dollar (Deutschland: geschätzte vier bis fünf Milliarden Euro). Insbesondere mit PR für Pharma- und IT-Unternehmen wurde trotz Krise weiter gutes Geld verdient. Mit über 80 % steuerten vor allem private Unternehmen zu den Budgets der PR-Agenturen bei, während der Anteil des staatlichen Sektors drastisch zurücklief.

Gerade für ausländische Auftraggeber hat die Krise allerdings auch gute Seiten. Insbesondere die doch ziemlich verwöhnten Agenturen in Moskau und St. Petersburg sind auf den Boden der Realität zurückgeholt worden. Sie sind nun eher bereit, auch kleinere, weniger lukrative Aufträge anzunehmen. Und auch die Preise haben ein realistischeres Niveau erreicht. Dennoch muss man sowohl bei Sachkosten als auch bei Honoraren höhere Beträge als in Deutschland einkalkulieren. Das hängt jedoch zu einem Großteil auch mit den hohen Lebenshaltungskosten und Mieten in Moskau und St. Petersburg zusammen.

> Auf Folgendes muss man außerdem achten: Obwohl viele Hochschulen und Universitäten (selbst solche, die vordergründig gar nichts mit Kommunikation zu tun haben) PR-Fachleute ausbilden, ist es nicht flächendeckend gelungen, genügend Nachwuchs auszubilden. Und wenn, dann verfügt dieser naturgemäß nicht über die gleiche Erfahrung wie ein Partner in ähnlicher Position etwa in Deutschland. Man hat es also oft mit sehr jungen Beratern zu tun, die ganze Projekte weitgehend selbstständig betreuen. Da sind genaueres Hinsehen und eine engere fachliche Begleitung durchaus angebracht.

Die in Deutschland gebräuchlichen PR-Segmente werden in Russland in ähnlicher Weise praktiziert, wenn der Begriff der Öffentlichkeitsarbeit auch etwas breiter gefasst wird. Die am stärksten entwickelten Segmente sind:
- Media Relations (ca. 20 %)
- B-2-B-Kommunikation (ca. 15 %)
- Promotion (ca. 15 %)
- interne Kommunikation (ca. 10 %)
- Krisenkommunikation (8 %)
- Markt- und Meinungsforschung (ca. 10 %)

- Investor Relations (ca. 5 %)
- Government Relations (GR) / Lobbying / politische PR (ca. 15 %)

Die russische Medienlandschaft - Achtung vor Stereotypen

Die russische Medienlandschaft ist auf das Engste mit den politischen Entwicklungen verbunden. Während der Präsidentschaft von Boris Jelzin wurden einige Medien von Firmengruppen russischer Oligarchen übernommen. Unter Präsident Putin stieg der Einfluss staatlich kontrollierter Holdings oder derjenige von Tochterfirmen großer Staatskonzerne erheblich. Außerhalb von Moskau sind beispielsweise etwa 98 % der Printmedien staatlich kontrolliert.

Die mit Abstand wichtigste Informationsquelle in der russischen Gesellschaft ist das Fernsehen. Darüber hinaus wurden im Jahr 2009 mehr als 50.000 Printmedien registriert, davon 27.425 Zeitungen und Wochenzeitschriften. Als das am wenigsten politisierte Medium kann der in Russland nach wie vor sehr beliebte Hörfunk bezeichnet werden. Im Äther tummeln sich weit über 900 landesweite und regionale Sender.

Das Internet erfreut sich größter Beliebtheit, insbesondere bei der jüngeren Bevölkerung in den großen Städten. Es gilt am authentischsten und unabhängigsten. Es überrascht deshalb nicht, dass Online-PR und Social Media in Russland eine beachtliche Entwicklung genommen haben.

Bei kleineren Budgets ist es durchaus sinnvoll, zunächst Online-PR-Aktivitäten zu entfalten. Es gibt eine Reihe von Plattformen, in denen man seine Informationen kostenlos einstellen kann. Das empfiehlt sich z. B. auch, wenn man nur ab und zu eine Pressemitteilung im russischen Markt platzieren will.

Über die russischen Medien und die Zusammenarbeit mit ihnen gibt es in Deutschland eine gelegentlich sehr einseitige Meinung. Oft wird mit Stereotypen wie „keine Pressefreiheit" und „Korruption" versucht, die gesamte Medienlandschaft und alle Journalisten über einen Kamm zu scheren. Die Realität jedoch ist mit einer solchen Schwarz-Weiß-Malerei nicht annähernd ausreichend beschrieben.

Es gibt durchaus Journalisten und Medien, die die ethischen Prinzipien hoch halten und sich unabhängiger Berichterstattung verpflichtet fühlen. Wer gute und interessante Themen und Produkte hat, wird auch in den Medien stattfinden, ohne dafür bezahlen zu müssen. Vertrauensvolle und über viele Jahre entwickelte Kontakte zu Journalisten, eine kleine freundschaftliche Geste hier und da eingeschlossen, helfen dabei, Gehör zu finden.

> Wichtig ist auch immer, eine Pressemitteilung nicht nur in einem fehlerfreien Russisch, sondern auch im richtigen russischen Format abzufassen. Aufgrund der Sprachproblematik und auch wegen der Unterschiede in der Informationsaufbereitung empfiehlt es sich unbedingt, einen Experten und russischen Muttersprachler zurate zu ziehen.

Gewiss, auch die russischen Medien sehen sich mit vielen aktuellen Herausforderungen konfrontiert. Die wichtigste: Sie müssen sich finanziell und wirtschaftlich tragen. Das führt gelegentlich zu Versuchen, redaktionelle Berichterstattung und bezahlte Aktivitäten wie Anzeigen zu verknüpfen. Solche Angebote sollte man natürlich ablehnen.

Fazit

Zusammenfassend kann man mit Fug und Recht sagen: Es ist sinnvoll und richtig, über PR-Aktivitäten im russischen Markt nachzudenken und sie zu realisieren. Der Umfang und die Intensität hängen von den konkreten Umständen ab. Ein zunächst kleineres Engagement, das sich schrittweise steigert, hilft Erfahrungen zu sammeln, die richtigen Strukturen aufzubauen und eine optimale inhaltliche Strategie zu entwickeln. Es nimmt einige Zeit in Anspruch, bevor man geeignete Partner für die eigene Öffentlichkeitsarbeit gefunden hat, bevor sich diese mit den Themen vertraut gemacht haben und bevor die in Angriff genommenen Maßnahmen erste Ergebnisse zeitigen. Jedoch, Erich Kästner hat Recht: „Es gibt nichts Gutes, außer man tut es."

Teil 4: Länder

USA – Wie Sie im Land der unbegrenzten Möglichkeiten Erfolg haben

Sergey Frank

Die USA haben durch die Finanzkrise erheblich gelitten. Viele Unternehmen, darunter auch namhafte „Blue Chips" wie z. B. General Motors meldeten in jüngster Zeit Konkurs an. Viele Familien, insbesondere auch aus der Mittelklasse, verloren einen erheblichen Teil ihres Vermögens. Somit sieht die Wirtschaftswelt der USA inzwischen sehr viel anders aus als vor der Krise. Aber die Vereinigten Staaten wären nicht dieses einzigartige Land, das mit Pragmatismus und Optimismus Probleme anpackt und löst, wenn sie nicht auch diese Krise meistern würden.

„Yes we can" ist nicht nur der Motivationsslogan eines neuen Präsidenten, sondern auch das Signal für eine gesamte Nation. Und man sollte nicht vergessen, dass die USA neben der Europäischen Union der größte Markt weltweit sind. Deshalb lohnt es sich, sich diesen Markt und seine Menschen und Entscheidungsträger etwas näher anzusehen. Denn die amerikanische und deutsche Geschäftskultur unterscheiden sich stärker, als viele meinen. Wer in den USA Erfolg haben will, sollte vor allem zielgerichtet vorgehen, pragmatisch verhandeln und, last but not least, Humor haben.

Fallbeispiel
Dr. S., Geschäftsführer eines mittelständischen Lebensmittelherstellers, ist sowohl beruflich als auch sportlich erfolgreich. Beruflich expandiert er seinen Bereich mit Lizenzen in ausgewählten Ländern weltweit. Sportlich ist er ein ambitionierter Tennisspieler und mit seiner Mannschaft bei den Jung-Senioren sehr erfolgreich.
Auf einer Geschäftsreise in die USA spielt er mit einem amerikanischen Geschäftspartner Tennis. Bereits während des Spiels irritiert ihn das häufige Lob der Gegenseite („Good shot", „Nice try"). Als das Spiel zu Ende ist und Dr. S. verloren

hat, gratuliert er seinem Gegenüber mit verkniffener Miene und Handschlag. Er weist aber sofort darauf hin, dass der Sieg der Gegenseite auf viele Gründe zurückzuführen sei: seinen schlechten Schläger, eine noch nicht überwundene Zerrung sowie die schlechten Platzverhältnisse. Sein amerikanischer Geschäftspartner ist zwar zunächst verwundert, sieht aber im Nachhinein seine vordergründigen Vorurteile gegenüber Deutschen bestätigt ...

Die Deutschen sind brüsk, ohne Phantasie, richten sich streng nach ihren Zahlen, sind detailversessen und haben einen überschaubaren Sinn für Humor. Umgekehrt hat auch Dr. S. seine klischeehaften Vorstellungen: Amerikaner sind machtbesessen, selbstverliebt und oberflächlich.
Die Vorstellungen über nationale Unterschiede im Geschäftsgebaren im internationalen Business stecken voller Klischees. Doch tatsächlich unterscheidet sich die amerikanische Geschäfts- und Verhandlungskultur erheblich von den Stereotypen. Entsprechend gründlich sollten sich deutsche Manager bei US-Verhandlungen vorbereiten und ihre eigenen Verhaltensweisen hinterfragen.

Time is Money

Nirgendwo beeinflusst das Motto „Zeit ist Geld" die geschäftliche Kommunikation so stark wie in den USA. Pünktlichkeit ist hier nicht nur eine Zier, sondern ein Zeichen von Professionalität. Amerikanische Manager konzentrieren sich auf schnelle Erfolge. Dividenden werden jedes Quartal ausbezahlt, die Profitabilität muss sich also kurzfristig einstellen. Folglich wird jede Möglichkeit genutzt, in der schnell Gewinn zu erzielen ist. Hierbei ist der Amerikaner bereit, ein relativ hohes Risiko einzugehen. Die Folge: Der Erwartungsdruck der Amerikaner ist hoch und der Erfüllungszeitraum kurz. Das wirkt sich auch auf die Verhandlungen aus. Strategische Allianzen und Kooperationen mit Langzeitpotenzial werden von Amerikanern immer auch unter dem Gesichtspunkt einer möglichst schnellen Rendite gesehen.

Fallbeispiel
Vertreter eines deutschen Technologiezulieferers wissen zu berichten: „Die amerikanischen Vertreter haben die Verhandlungen ausschließlich unter dem Gesichtspunkt schnell realisierbarer Rentabilität geführt. Ihre Berechnungen waren bei weitem optimistischer als unsere. Wir haben uns schließlich auf einen Kompromiss mit erheblichem Risikopotenzial geeinigt. Mit einem deutschen Partner wäre ein solcher Abschluss so eher nicht zustande gekommen."

Mut und Entscheidungsfreude sind Trumpf. Wer sich gut verkaufen will, darf den gewöhnlich knapp bemessenen Zeithorizont seines amerikanischen Gegenübers nicht überziehen. Man sitzt zwar gern und oft in Meetings zusammen, in diesen Sitzungen sollte man aber möglichst rasch auf den Punkt kommen. Die folgenden vier Tipps können dabei eine wichtige Stütze sein:

- Seien Sie pünktlich! Die akademische Viertelstunde ist in den USA eher unbekannt. Zudem entsprechen Sie so dem Klischeebild des tugendhaften Deutschen und beugen einer ersten Enttäuschung vor.
- Definieren Sie zunächst die wesentlichen Eckpunkte („Key Terms") des Projektes. Bei einem Lizenzvertrag wären dies beispielsweise Höhe und Art der Lizenzgebühren, Exklusivität der Lizenz, Vertragsgebiet, Umsatz und Knowhow.
- Analysieren Sie detailliert, auch aus der Sicht des anderen, die Vor- und Nachteile Ihres Angebots. Klären Sie unbedingt etwaige Wettbewerbsvorteile. Also nutzen Sie bei Preisen, Kosten und sonstigen Spezifikationen, sofern vorhanden, Vergleichsparameter wie Marktvergleich oder Wettbewerbsanalyse.
- Ziehen Sie vorab Spezialisten (z. B. lokale Rechtsanwälte) hinzu, aber definieren Sie im Vorfeld deren Beratungsumfang.

Keep smiling

Das Verhandlungsgespräch selbst verläuft auf den ersten Blick unkompliziert, informell und ist zugleich zielorientiert. Nach einer lockeren Aufwärmphase kommt der amerikanische Partner rasch zum Geschäft.

Fallbeispiel

"Da kann es in der ersten Minute noch um das Wohlbefinden deiner Familie oder das Handicap auf dem Golfplatz gehen und im nächsten Moment wirst du mit Fragen zu Rendite und Lieferzeiten bombardiert", beschreibt beispielsweise der Manager des deutschen Technologiezulieferers den amerikanischen Verhandlungsstil.

Dieses „Spiel" mitzuspielen, ist enorm wichtig, denn darin sehen amerikanische Geschäftsleute einen wichtigen Ansatz zum Beziehungsaufbau und zu Netzwerken. Nichtsdestotrotz finden es amerikanische Geschäftspartner besonders beeindruckend, wenn im „Closing Meeting" ein ranghöherer Manager extra für dieses Treffen von der anderen Küste oder aus Europa angereist kommt, um dem Kunden dessen Wichtigkeit zu verdeutlichen.

Bei aller Offenheit gibt es jedoch auch Tabuthemen wie Religion, Sexualität oder Hautfarbe, die man selbst bei privaten Gesprächen – wenn überhaupt – nur vorsichtig ansprechen sollte. „Political Correctness" im Umgang mit Minderheiten ist hier viel stärker ausgeprägt als in Deutschland. Unangenehm fallen auch anzügliche Komplimente gegenüber Kolleginnen auf. Neutraler Humor wird dafür umso mehr geschätzt.

In dieser für deutsche Manager eher ungewohnten Lockerheit steckt auch eine Gefahr. Man darf sich in Verhandlungen zwar vom Auftreten des Gegenübers in Maßen anstecken lassen. Hinter der Fassade verbirgt sich aber stets ein knallharter Geschäftsmann, der oft besser über Preise, Produkte und Konkurrenten Bescheid weiß als Geschäftspartner in anderen Ländern. Humor ist für Amerikaner immer auch ein rhetorischer Hebel.

Fallbeispiel

Als DaimlerChrysler-Vorstand Dieter Zetsche als Krisenmanager nach Detroit beordert wurde, um der Fusion auf die Sprünge zu helfen, antwortete er auf die Frage eines Reporters, wieviele Deutsche denn noch kommen würden: „Vier! Meine Frau und meine drei Kinder." Mit seiner Antwort bewies Zetsche nicht nur Humor und Geistesgegenwart. Er machte aus dem abstrakten Thema auch ein persönliches. Ein Ansatz, der rhetorisch in sehr vielen Geschäftssituationen Pluspunkte bringt.

Der Ton macht die Musik

Auch auf den Ton kommt es dabei an. Die Sprache der Amerikaner ist zwar direkt bis fordernd, aber nie unhöflich. Diesen Kniff sollten sich deutsche Manager unbedingt aneignen, denn er wird hier als Zeichen für Stärke gewertet. Deutsche neigen dazu, entweder zu verkrampfen und dabei unhöflich zu werden oder zu freundlich zu bleiben und dabei in die Defensive zu geraten. Englisch als fremde Verhandlungssprache trägt dazu sicher bei, muss aber nicht zwangsläufig ein Nachteil sein. Im Zuge des hier herrschenden Fair Play wird Ihr Gegenüber mehrfaches Nachfragen und Erklären von Begriffen nachvollziehen können.

Tit for Tat

Bei Verhandlungen legen Amerikaner viel Wert auf genaue Zeitpläne und Tagesordnungen. Schlagen Sie daher eine ökonomische Vorgehensweise vor und gehen Sie Schritt für Schritt vor, von einer Übereinkunft über Eckpunkte bis hin zu einer Geheimhaltungsvereinbarung und einem ausführlichen Vertrag. Eine gute Portion Enthusiasmus hinsichtlich der Vorzüge Ihres Angebots schadet dabei nicht, auch wenn solch ein „Anpreisen" weniger in der Natur der Deutschen liegt. Im Gegenteil: Es zeigt dem Gegenüber das Ausmaß Ihres Engagements.

Dabei unterscheidet sich die Argumentationsstruktur der Amerikaner stark von der deutschen. US-Manager sind vor allem ziel- und prozessorientiert. Sie arbeiten pragmatisch und weniger theoretisch. Mit langen Reden, die nicht zum Punkt kommen, können sie nichts anfangen. Das dominierende Motto ist: „First things first." Entsprechend geht man in Verhandlungen nach einer kurzen Einleitung über abstrakte Prinzipien und globale Geschäftsstrategien rasch in die Details.

Dieser Pragmatismus zeigt sich auch in der Verhandlungstaktik. Der US-Partner wird durchaus einige überraschende, schnelle Zugeständnisse machen – allerdings nur, weil er das anschließend auch von seinem Gegenüber erwartet. „Tit for Tat" bedeutet Gegenseitigkeit und bedingt Flexibilität im Verhandeln.

Fallbeispiel
„Wir hatten eine relativ feste Vorstellung von Preis und Leistung. Doch der US-Käufer ging kaum darauf ein. Stattdessen diskutierte er den Preis ausschließlich im Zusammenhang mit Garantiezeit, Wartungsumfang und Ausmaß an Schulungen", so der Vertriebschef eines deutschen Maschinenbauers.

Eine typische Reaktion: Denn US-Verhandler denken meist in Paketlösungen. Sie kommen dann schnell zum Abschluss, wenn ihnen der Kompromiss insgesamt vorteilhaft, aber auch fair erscheint.

Typisch ist auch das damit verbundene Feilschen. Während deutschen Managern Basartaktiken eher fremd sind und sie ihre Angebote entsprechend knapp und realistisch formulieren, gehört das Handeln in den USA zum guten Ton und ist Teil des American Way of Life. Ihr amerikanischer Partner wird daher immer versuchen, das Bestmögliche herauszuholen (Motto: „Let's try…", „another day, another dollar").

A deal is a deal

Vieles, was unter deutschen Verhandlungspartnern ohne weitere Umstände als selbstverständlich gelten würde, bedarf in Amerika schriftlicher Fixierung. Viel häufiger und vor allem früher als in Deutschland werden daher Juristen in Verhandlungen einbezogen. In den USA steht der „Deal", der individuelle Vertrag, im Vordergrund. Er hat einen hohen Stellenwert und ist meist sehr komplex. Der Vertrag verweist nicht auf ein in sich abgeschlossenes Gesetzessystem wie in Deutschland oder in Frankreich, sondern ist auf das Fallrecht angewiesen. Daher ist bei Verhandlungen mit Papierschlachten zu rechnen. Im Ergebnis entstehen lange Verträge, die mit detaillierten Definitionen anfangen und möglichst alle Eventualitäten regeln.

Vor diesem Hintergrund sollte man bei wichtigen Geschäften rechtzeitig einen Rechtsanwalt („Attorney at Law") hinzuziehen, der nicht nur Spezialist auf dem betreffenden Geschäftsgebiet ist, sondern sich auch mit dem lokalen bundesstaatlichen Rechtssystem auskennt und eine Zulassung in dem betreffenden Bundesstaat besitzt.

> Aber Vorsicht: Juristischer Rat ist in den USA trotz Krisenzeiten nach wie vor teuer. Der Beratungsumfang ist gewöhnlich höher als in Deutschland. Deshalb sollte man besser schon vorab die Höhe des Stunden- bzw. Tageshonorars einschließlich des voraussichtlichen Beratungsumfangs absprechen. Dies schützt vor unliebsamen Überraschungen und finanziellen Verlusten.

Einmal geschlossene Verträge sind dafür endgültig („A deal is a deal!"). Zwar wird ein Amerikaner bei unvorhergesehenen Problemen versuchen, eine Vertragsanpassung zu verhandeln. Sollte dies aber unmöglich sein, wird er sich an die ursprüngliche Vereinbarung gebunden fühlen. Die Kehrseite: Dieselbe Konsequenz erwartet er auch von seinen deutschen Partnern. Wehklagen und Zaudern schaden hier nachhaltig der Geschäftsbeziehung.

Have fun

Bei allen kulturellen Finessen – international erfolgreich Geschäfte abzuschließen muss immer auch Spaß machen. Amerikaner lieben dabei nicht nur den neutralen Humor, sondern auch die Fähigkeit, manchmal über sich selbst zu lachen.

Vorsicht jedoch vor Folgendem:

- Klischeedenken
  Die Amerikaner gelten als überheblich und oberflächlich. Diese Auffassung kann gefährlich sein. Richtig ist: Der Denkansatz der Amerikaner ist ein anderer. Konkret: Sie handeln induktiv, also vom Einzelfall kommend, und nicht deduktiv, eine Regel ableitend, wie es in Deutschland üblich ist. Entsprechend theoretisieren sie weniger, sondern denken und argumentieren pragmatisch. Gerade nach den Geschehnissen des 11. September 2001 sollten Sie sich mit Kritik an typisch Amerikanischem zurückhalten. Der sowieso schon große Patriotismus ist immens gestiegen, und auch positive Kritik wird als Beleidigung und als Anti-Amerikanismus betrachtet.

- Fehlinterpretation
  Amerikaner sind zwar generell sehr freundlich und sprechen sich oft mit Vornamen an. Diese Tatsache sollte jedoch nicht zu vorschnellen Schlüssen über das Maß an Vertraulichkeit des Verhandlungspartners verleiten lassen. Nichts wäre verkehrter, als das neutrale „you" (es kann auch „Sie" heißen) automatisch mit einem kumpelhaften „Du" gleichzusetzen. Freundlichkeit ist Teil eines gesellschaftlichen Codes, der dabei hilft, den Umgang in der Kommunikation persönlicher zu gestalten.

- Weitschweifigkeit
  Unklarheiten beim Verhandeln genauso wie lange Monologe, um einzelne Dinge allumfassend zu erklären, werden nicht gerne gesehen. Erklärungen von weniger Relevantem werden weder erwartet noch sind sie erwünscht. Offenheit wird erwünscht, zumindest eine Erklärung darüber, was gesagt werden kann und was

nicht. Wo Amerikaner vermeintliche Geheimnistuerei vermuten, bohren sie nach. Dies kann oft zu unangenehmen Situationen führen.

- Besserwisserei
Belehrungen sind definitiv fehl am Platz. Noch schlimmer: Wenn man seine Kompetenz aus erworbenen Titeln ableitet. Die eigenen Titel zählen bei den Amerikanern kaum. Was zählt, sind allein die bisherigen Erfolge und Leistungen.

Besser:
- Mut zur schnellen Entscheidung

Das schafft Respekt beim Gegenüber. Unternehmerisches Denken ist Trumpf. Gehen Sie mit ausreichend großen Befugnissen in eine Verhandlung, ohne sich in Entscheidungen drängen zu lassen.

- Prinzip KISS – Keep It Short and Simple

Fassen Sie alle 15 Minuten während der Verhandlung zusammen, was Sie einzeln oder mit der anderen Seite besprochen haben. So schaffen Sie Transparenz. Seien Sie auch in anderer Hinsicht klar – wenn Sie etwas nicht entscheiden können, machen Sie es deutlich und definieren den Zeitraum, den Sie für die Entscheidung brauchen. Damit vermeiden Sie es, sich durch enge zeitliche Vorgaben einseitig unter Druck setzen zu lassen. Der US-Partner wird dies in der Regel akzeptieren.

- Redegewandtheit

In den USA beweisen Schlagfertigkeit und Humor praktische Intelligenz. Gleichzeitig wird es geschätzt, wenn der Verhandlungspartner aktiv zuhört und gezielt nachfragt. Deutsche Tugenden wie Pünktlichkeit, Tüchtigkeit und Effizienz in Verbindung mit den oben genannten Fähigkeiten machen aus Ihnen einen geschätzten und professionellen Verhandlungspartner.

- Präsentationstechniken

Benutzen Sie die neuesten und modernsten Präsentationstechniken, das beeindruckt und zeigt Kompetenz. Gehen Sie davon aus, dass Ihr amerikanischer Konkurrent dies machen wird. Präsentationen in den USA haben oft einen bestimmten Show- oder Marketingcharakter und gehen viel stärker auf den Adressaten ein, insbesondere in der Hinsicht, dass sie viel daransetzen, mit verschiedensten Mitteln in der Präsentation die Aufmerksamkeit der Zuhörer zu bewahren. Mit anderen Worten: Präsentationen in den USA sind häufig unterhaltsam und innovativ und enthalten nicht zwingend soviel Informationsgehalt wie möglich.

- Closing skills

  Seien Sie sich bewusst, dass Closing Skills, also die Fähigkeit, ein Projekt oder eine geschäftliche Transaktion zum Abschluss zu bringen, einen sehr hohen Stellenwert in den USA haben. Dies bedingt eine starke Prozessfokussierung sowie ein überdurchschnittliches Projektmanagement. Es muss dabei nicht immer der Vertragsabschluss herauskommen. Es kann auch sein, dass im Laufe der Verhandlungen einfach Meilensteine definiert werden, die noch zu erfüllen sind, bevor es zum Vertragsabschluss kommt („Step by Step"). Auch hier gilt der Grundsatz der Klarheit und Transparenz. Wichtig ist zu wissen, dass die Maxime lautet: „We agree that we agree" oder auch im schlimmsten Fall „We agree that we disagree", sodass zumindest Klarheit darüber herrscht, dass man nicht zur Einigung kommt. In den meisten Fällen wird es aber heißen: „We agree upon certain points and further agree that we still have to clarify defined other topics under a defined time frame." Damit sind Klarheit und Prozessorientierung vorgegeben, und der Fahrplan zum Vertragsabschluss wird sichtbar und rückt das Closing in sichtbare Nähe.

Fazit

Die Vereinigten Staaten haben durch die Finanzkrise viele unangenehme Überraschungen erlebt, vor allem auch der Mittelstand durch den Verfall der Grundstücks- und Hauspreise. Trotzdem haben die Menschen in diesem Land die Kraft, mit Pragmatismus und Optimismus wieder positiv das professionelle Leben anzugehen. Dies ist ein beachtenswertes Charakteristikum der Amerikaner. Geschäftemachen lohnt sich daher auf jeden Fall in den USA, sowohl vor als auch nach der Krise.

Japan – Wie man im Land der aufgehenden Sonne Erfolg hat

Sergey Frank

Die globale Finanzkrise hat auch Japan als eines der weltweit wichtigsten Länder hart getroffen – Firmenschließungen, Entlassungen und ein teilweises Überdenken früherer Strategien sind die nachhaltigen Folgen. Doch auch unter diesen neuen Vorzeichen bleibt Japan ein eminent wichtiger Faktor für die Weltwirtschaft und ein überaus attraktiver Partner für die deutsche Industrie. Japan blickt zudem auf eine einzigartige Historie und wirtschaftliche Entwicklung zurück.

Das Land hat eine Jahrtausende alte Tradition und Geschichte, die früher v. a. durch Abkapselungspolitik und Eroberungskriege auf dem asiatischen Festland geprägt war. Zu jener Zeit war Japan für Europa ein weitgehend unbeschriebenes Blatt. Umso erstaunlicher ist dann die Entwicklung, die das Land und seine Industrien, insbesondere die Automobil- und Computerbereiche, nach Beendigung des Zweiten Weltkriegs gemacht haben. Innerhalb weniger Jahrzehnte hat Japan ein wirtschaftliches Wachstum und eine weltweite Expansion erlebt, die in ihrer Dynamik ihresgleichen sucht.

Um Geschäftskontakte mit Japanern vorzubereiten oder auch zu intensivieren, lohnt es sich durchaus, einen näheren Blick auf das Geschäfts- und Kommunikationsverhalten des Landes zu werfen.

Der erste Eindruck

„Kalte Anrufe" und E-Mails haben als Geschäftsanbahnung in Japan kaum Wirkung. Sie wirken vielmehr abschreckend. Eine direkte Kontaktaufnahme ohne Einführung oder Empfehlung durch eine dritte Person ist hier eher unüblich. Wer außerhalb von Messen oder anderen Veranstaltungen mit einem japanischen Unternehmen in Kontakt kommen möchte, sollte einen lokalen Mittler haben. Im Idealfall hat diese Mittelsperson mit beiden Seiten gute und langjährige Verbindungen oder weist einen besonderen gesellschaftlichen Status auf. Eine derartige Empfehlung ist ein wichtiges Eintrittsticket. Außerdem hilft der Kontaktmann auch bei Fragen des Protokolls und kann weitere Zusammentreffen – nicht nur mit den unmittelbaren Geschäftspartnern, sondern auch mit entsprechenden Behörden – arrangieren. Verfassen Sie beim ersten Schriftverkehr das Anschreiben und Firmenmaterialien auch in japanischer Übersetzung, da Ihre Geschäftspartner oftmals nur über unzureichende Englischkenntnisse verfügen. Solche Anstrengungen von deutscher Seite machen einen guten ersten Eindruck und zeigen die Ernsthaftigkeit, mit der Sie mit dem japanischen Unternehmen in Beziehung treten wollen.

Empfehlenswert ist es darüber hinaus, die Teilnehmer einer Geschäftsdelegation im Voraus bekannt zu machen. Dies hilft den japanischen Managern, sich auf die erste Begegnung gründlich vorzubereiten. Dazu können Sie z. B. neben näheren Informationen die Visitenkarten aller Delegationsteilnehmer verschicken. Sie sind das wichtigste persönliche Aushängeschild und ermöglichen es dem Gegenüber, die Funktion und Stellung des Geschäftspartners nachzuvollziehen. Die Karten sollten idealerweise auf einer Seite auf Deutsch oder Englisch beschrieben sein und auf der anderen Seite eine japanische Übersetzung haben. Weisen Sie auf Ihre Position und Entscheidungsbefugnisse hin. Auf jeden Fall sollten Sie immer ausreichend Visitenkarten auf Ihre Geschäftsreisen mitnehmen, da jede erste Begegnung mit japanischen Geschäftsleuten mit dem rituellen Austausch der Visitenkarten beginnt.

Vorbereitung

Ihre Geschäftspartner werden gut vorbereitet sein. Aufgrund der Andersartigkeit Japans ist eine gründliche Vorbereitung auf die Verhandlungen auch von Ihrer Seite angebracht. Versuchen Sie, so viele Informationen wie möglich im Vorfeld über Ihr Gegenüber zu sammeln und sich zu kulturellen Eigenheiten zu informieren.

In der strengen Hierarchie Japans ist es wichtig zu wissen, wer im Rang höher und wer niedriger steht. Dies ist nicht immer ganz eindeutig. Der sehr höfliche Umgangston in Japan verbietet es in der Regel, sich selbst allzu deutlich als Chef darzustellen. Zur Vorbereitung gehört es daher, sich von vornherein Klarheit über die Stellung und Rangordnung der verschiedenen Verhandlungspartner zu verschaffen.

Sollte dies nicht möglich sein, da die explizite Vorstellung aller Teilnehmer im Vorfeld des ersten Zusammentreffens nicht stattgefunden hat, hilft eine gute Beobachtungsgabe. Dazu folgende Tipps:

- Die Sitzordnung im Taxi oder im Firmenwagen kann bereits Auskunft über die Rangfolge geben, wenn man die zwei Möglichkeiten kennt: Beim Japanischen Protokoll (bei Firmenvertretern eher üblich) sitzt das ranghöchste Mitglied einer Delegation hinter, der rangniedrigste Mitarbeiter neben dem Fahrer. Beim Französischen (diplomatischen) Protokoll sitzt die wichtigste Person hingegen schräg rechts hinter dem Fahrer, für westliches Verständnis also hinter dem Beifahrer.

- Bei Besprechungen gibt die Sitzordnung einen Aufschluss über die Rangordnung der japanischen Geschäftspartner. Der mittlere Platz am Tisch ist oft dem ranghöchsten Manager vorbehalten, neben ihm sitzen seine Mitarbeiter nach hierarchischer Position. Ganz am Rand sitzen meist die für die Protokollierung zuständigen Assistenten. Die ausländischen Gäste sitzen auf der gegenüberliegenden Seite des Tisches mit Blick zur Tür.

- Die Gesprächsführung wird in Verhandlungen von japanischer Seite meist von einer Person übernommen. Die wichtigste Person wird dabei oft als letzte das Wort ergreifen.

- In der Regel trägt ein japanischer Delegationsleiter keine Papiere, keine Tasche und auch keinen Schirm bei sich.

- Die Kleidung eines „Bosses" ist elegant, sichtbar teuer und konservativ. Häufig ist zu beobachten, dass Japaner mit steigender Position auch ihren Schuhen mehr Aufmerksamkeit widmen und diese dann gepflegter und luxuriöser ausfallen.

Das erste Gespräch

> Für jeden Termin ist es oberstes Gebot, dass Sie nicht verspätet erscheinen. Dies wird als Zeichen mangelnden Respekts und Interesses gegenüber dem japanischen Unternehmen gewertet und kann für Ihre Firma einen Ansehensverlust bedeuten.

Bei der Begrüßung werden die Teilnehmer häufig in der Reihenfolge ihres Ranges vorgestellt. Dies geschieht entweder durch den Mittler oder durch eine in der Vorbereitung involvierte Person, die Informationen zu den einzelnen Vertretern hat. Dann folgt der rituelle Austausch der Visitenkarten. Diese werden mit dem für die japanische Seite lesbaren Teil überreicht und von der gegenüberliegenden Partei mit Respekt empfangen und studiert. Wenn diese nicht schon im Vorfeld gesendet wurden, wird die japanische Seite Ihren Visitenkarten viel Aufmerksamkeit widmen. Sie selbst sollten die Karte Ihres Gegenübers mit beiden Händen annehmen und diese ebenfalls aufmerksam durchlesen.

Nach der Begrüßung werden allgemeine Konversationsthemen aufgegriffen, um eine gute, neutrale Atmosphäre herzustellen. Der japanische Gastgeber stellt Fragen nach der Reise, dem Hotel und den ersten Eindrücken. Fragen privater Natur sollten beantwortet werden. Genauso können Sie Ihrem Gegenüber persönliche Fragen stellen, um Verbindung herzustellen. Zu detaillierte Fragen zur Familie sollten Sie jedoch vermeiden.

Während des Gesprächs wird man häufig mit dem Kopf nicken bzw. „Ja" (hai) sagen, um Ihnen zu signalisieren, dass man Ihren Ausführungen (zumindest akustisch) folgt. Nur in seltenen Fällen hat das Ja etwas mit direkter Zustimmung zu tun. Das Nein (iie) wird in der Kommunikation nur selten eingesetzt. Japaner verwenden eine eher indirekte Kommunikationsform, die für Ausländer nicht immer leicht zu verstehen ist. Daher ist der Einsatz eines guten Dolmetschers sehr wichtig.

Im Rahmen wichtiger Kontakte überreicht man dem höchstrangigen Gesprächspartner am Ende der ersten Begegnung ein Gastgeschenk. Dieses sollte die Wertschätzung für das japanische Unternehmen ausdrücken und qualitativ hochwertig sein. Die japanische Seite wird sicherlich ebenfalls ein Geschenk vorbereitet haben. Es darf schon vorher erklärt werden, was das Geschenk beinhaltet, auspacken sollten Sie es jedoch erst zu einem späteren Zeitpunkt.

Die Verhandlung

Die Kosten für einen guten Dolmetscher sollten nicht gescheut werden. Mentalitätskenntnisse der westeuropäischen wie japanischen Seite sind wichtig, ebenso ist es von Vorteil, wenn der Dolmetscher mit Produkten und Technologien des deutschen Unternehmens vertraut ist. Die japanische

Seite wird oft, auch wenn ihre Englisch- oder Deutschkenntnisse durchaus gut sind, einen Dolmetscher heranziehen.
Am Anfang der Verhandlung steht der Small Talk. In Besprechungen sollten Sie es in aller Regel vermeiden, amerikanisch oder auch westeuropäisch zu verhandeln, das heißt schnell, direkt und informell zur Sache zu kommen. Die Prioritäten sind in Japan gänzlich anders. Im Vordergrund steht zunächst der Aufbau einer vertrauensvollen Beziehung. Wichtig ist, dass die Verhandlungspartner ein harmonisches Abstimmungsumfeld für das weitere Vorgehen finden. Direkt auf geschäftliche Anliegen zu kommen wäre falsch. Erst in einem zweiten Schritt werden die zu verhandelnden Themen angesprochen. Bringen Sie daher genügend Flexibilität mit und lassen Sie sich vom eigenen Unternehmen oder Auftraggeber nicht zu sehr die Hände binden.
Die eigentliche Besprechung geht mit der Vorstellung des eigenen Unternehmens und der Produkte los. Dabei werden meist Informationen vorgetragen, die bereits aus den vorher zugesandten Materialien wie auch von der Unternehmens-Website bekannt sind. Trotz intensiver beidseitiger Vorrecherchen über den Geschäftspartner geht es immer noch um das Kennenlernen und das langsame Herantasten an die Kernthemen.

> Halten Sie Ihre Präsentation nicht zu humorvoll ab, bleiben Sie stringent und geben Sie am Anfang einen Überblick über das, was Sie präsentieren wollen. Betonen Sie in Ihrer Präsentation ruhig die Vorzüge Ihrer Firma, Ihrer Produkte und Dienstleistungen. Tradition und der Stolz, für ein Unternehmen zu arbeiten, sind in Japan bekannt und nach wie vor akzeptiert. Vermeiden Sie aber Übertreibungen. Wenn Ihre japanischen Geschäftspartner nur wenig Englisch verstehen, können Sie Ihre Präsentation trotzdem in leicht verständlichem Englisch vortragen. Jedoch sollten Sie dann zumindest die „Handout Documentation" auch auf Japanisch anbieten.

Bei Vertragsentwürfen haben Japaner – im Gegensatz zu Westeuropäern oder Amerikanern, die Vertragsentwürfe Punkt für Punkt durchgehen, diskutieren und dabei durch gegenseitige Konzessionen zu Teileinigungen und letztendlich zu einer Gesamteinigung kommen – wie viele asiatischen Verhandler eine etwas andere Vorstellung: Sie sehen die Vertragsdokumente als Ganzes und werden Konzessionen nicht beim Durchgehen der einzelnen Punkte, sondern erst viel später, das heißt nach Diskussion des ganzen oder zumindest eines Großteils des Vertrages machen.

Es ist wichtig, bei Verhandlungen Geduld zu zeigen, zuzuhören und Fragen gewissenhaft zu beantworten, auch wenn sich verschiedene Fragen ähneln sollten. Ein erfolgreiches Verhandeln in Japan erfordert viel Anpassung, Konsistenz und Geduld. Hinzu kommt, dass in diesem Land eine andere Einstellung zur Zeit besteht. Die Uhren laufen dort auch bei der Anbahnung von Geschäftskontakten langsamer als in Deutschland. Deswegen ist es empfehlenswert, genügend Zeitreserven einzuplanen. Denn erste Geschäftsgespräche führen selten zu Entscheidungen oder Zusagen von japanischer Seite. Da Japaner ihre Verpflichtungen sehr ernst nehmen, geht mit Geschäftsabschlüssen ein langer Abstimmungsprozess einher. Man sollte es daher tunlichst vermeiden, die japanische Seite unter Zeitdruck zu setzen.

Der Teufel liegt im Detail – Einzelne Schritte

Bei Verhandlungen ist es nicht empfehlenswert, mit erhöhten Forderungen anzufangen, um auf einem niedrigeren Niveau einen Abschluss anzustreben. Basarmentalität liegt dem japanischen Unternehmen fern. Vielmehr sollten Zeichen gesetzt werden, dass Interesse an langfristigen, vertrauensvollen Geschäftsbeziehungen besteht und nicht allein das eigene Gewinnstreben im Vordergrund steht. Herstellung von Vertrauen ist eines der wichtigsten Ziele der Gespräche. Loyalitätsrabatte für die japanischen Geschäftspartner sind dabei ein legitimes und attraktives Instrument zum Aufbau langfristiger Geschäftsbeziehungen.
Trotzdem sollte einer aktiven Preisstrategie eine besondere Bedeutung beigemessen werden. Die Durchsetzung auskömmlicher Preise, insbesondere in Zeiten der Rezession, gelingt nur, wenn bestimmte Verhandlungsregeln beachtet werden. Hier einige Anregungen dazu:

- Es lässt sich nicht vermeiden, während der Geschäftsverhandlung über den Preis zu reden. An erster Stelle sollten Sie jedoch gerade in Japan den Mehrwert für den Kunden kommunizieren, da Japaner tendenziell wertorientiert sind.

- Informieren Sie sich genau zu Wettbewerbspreisen. Die japanischen Kunden werden sich darin bis ins letzte Detail auskennen. Eine wirkungsvolle Argumentation ist nur möglich, wenn der Verkäufer mindestens den gleichen Wissensstand vorweisen kann.

- Benennen Sie Funktionen oder Anwendungsgebiete Ihrer Produkte/Dienstleistungen, die sich von denen des Wettbewerbs deutlich unterscheiden. Japaner tendieren oft dazu, möglichst gleichartige Produkte gegenüberzustellen und die preisgünstigste Alternative zu wählen.

- Splitten Sie den Mehrwert des Produkts oder der Dienstleistung in mehrere, unterscheidungsfähige Komponenten auf und stellen Sie diese nacheinander (nicht zugleich) vor. In der Regel wird der Verkaufspreis des Produktes niedriger angesetzt als die Summe der einzelnen Komponenten. Ihr japanischer Geschäftspartner möchte genau wissen, wofür er sein Geld bezahlt und aus welchen Komponenten sich der Preis gegebenenfalls zusammensetzt.

- Finden Sie heraus, welchen konkreten Wert Ihr Gegenüber den einzelnen Produkteigenschaften beimisst und verhandeln Sie entsprechend.

- Sollten Preiskonzessionen gemacht werden, sollten Sie höflich Gegenleistungen („tit for tat") anbieten, z. B. höhere Abnahmemenge, Bündelung mit anderen Produkten, frühere Bestellung/Lieferung.

- Es ist wichtig, die Preisentscheidungsträger beim japanischen Kunden zu kennen. Jeder dieser Entscheidungsträger muss mit den aus seiner Sicht relevanten Argumenten angesprochen werden. Für einen Techniker mögen bestimmte technische Eigenschaften des Produktes von Interesse sein. Für den Controller spielt die Wirtschaftlichkeit eine große Rolle. Aufgrund des Gruppendenkens in Japan ist es wichtig, mit jedem einzelnen Entscheidungsträger eine Übereinstimmung herbeizuführen.

- Stellen Sie sicher, dass Sie klar kommunizieren. Missverständnisse sind aufgrund der Sprach- und Kulturbarrieren ausgesprochen hoch. Fragen Sie lieber einmal mehr nach, ob eine Aussage wirklich verstanden wurde, als das Risiko des Nichtverstehens einzugehen.

- Fassen Sie nach der Abstimmung noch einmal zusammen: Damit stellen Sie sicher, mögliche Missverständnisse im mündlichen Dialog aufzuklären. Visualisierungen, beispielsweise an einer Tafel, helfen den Zuhörern zudem, Ihre Informationen und den Diskussionsverlauf besser zu verarbeiten, was Ihnen wiederum komplizierte Beschreibungen erspart.

Vergessen Sie bei all dem nicht: Es geht nie um den Preis allein. Die Personen und ihre Beziehungen sind immer mit von der Partie. Die persönlichen Beziehungen und Vertrauen spielen für das Geschäft eine entscheidende Rolle. Das reflektiert sich letzten Endes auch im Preis.

Vertragsabschluss und Closing

In Japan wird der Identifikation mit der Aufgabe und der Fähigkeit, Achtung und Vertrauen zu gewinnen, ein hoher Stellenwert beigemessen. Neue Geschäftsbeziehungen sind nur dann erstrebenswert, wenn der Geschäftspartner verlässlich ist und eine längerfristige und vertrauensvolle Beziehung aufgebaut werden kann. Ein formaler Vertragsabschluss bedeutet demnach meist lediglich, dass die Basis für gute Geschäftsverhältnisse und eine langfristige Kooperation hergestellt wurde. Die japanische Seite wird den Vertrag aus diesem Grund eher kurz halten. Nach japanischer Auffassung steht nicht der Vertrag, sondern die Beziehung im Vordergrund. Aus diesem Grund bietet es sich auch an, den japanischen Geschäftspartnern mindestens einmal im Jahr einen Besuch abzustatten, um das einmal geschaffene Vertrauen zu festigen bzw. aufrechtzuerhalten.

In Japan besteht darüber hinaus nicht immer die in Westeuropa vorherrschende Einstellung einer Vertragskonstanz, wonach Verträge nach Unterzeichnung generell einzuhalten sind („pacta sunt servanda"). Japanische Verhandler sehen das Vertragswerk nicht als separates Gebilde, sondern eher als Teil eines gesamten Systems, das sich jederzeit ändern kann. Wenn sich z. B. Umstände wie Währungskurse oder andere Parameter nach Vertragsunterzeichnung wesentlich ändern, kann es durchaus vorkommen, dass der japanische Partner den Vertrag nicht als bindend oder verbindlich ansieht, sondern vielmehr eine flexible Einstellung dazu hat.

Das weitere Vorgehen – das Follow-up

In diesem Zusammenhang kann es durchaus zu Konfliktpotenzial kommen, wenn man trotz aller Veranlassung die weiteren Schritte zu forsch definiert. Auf der anderen Seite möchte man vermeiden, dass die in den Gesprächen verabschiedeten Schritte versanden bzw. dass sich niemand für das weitere

Vorgehen zuständig fühlt und man dadurch viel Zeit verliert. Hier ist es wichtig, die interkulturellen Regeln der Kommunikation mit Japanern zu beachten und besser nicht zu „hart" aufzutreten, aber gleichzeitig mit höflicher Konsistenz die vereinbarten Ziele zu verfolgen und bei der japanischen Seite auch mit gebotenem Geschick einzufordern. Dabei ist es wichtig, für beide Seiten realistische und zeitnahe Meilensteine zu definieren. Nehmen Sie sich dazu alle gebotene Zeit, um das entstandene Vertrauensverhältnis zu bekräftigen, aber definieren Sie gleichzeitig die Meilensteine als Etappen, deren Erreichen für beide Seiten wichtig ist.

Gruppen- und Gemeinschaftsdenken

In Japan gilt nicht die uns bekannte Priorität des Individuums, sondern eher die der Gruppe und Gemeinschaft. Im Rahmen von Verhandlungen heißt das, dass man in der Regel nicht mit einem einzelnen, sondern vielmehr mit mehreren japanischen Partnern spricht. Entscheidungen werden nicht allein, sondern von der Gruppe getroffen.

Deshalb ist es empfehlenswert, im Laufe der Verhandlungen die japanische Seite über neue Gesichtspunkte zu informieren, damit sich diese intern und diskret abstimmen kann. Auf jeden Fall sollten Sie vermeiden, während der Verhandlungen unerwartet mit neuen Aspekten zu überraschen. Geschieht dies, rechnen Sie damit, dass die Verhandlung vertagt wird.

Das japanische Agieren und Denken in Gruppen setzt sich oft auch bei sozialen Angelegenheiten fort, jedoch mitunter anders, als man es von zu Hause gewohnt ist:

Fallbeispiel
„Am Abend des zweiten Verhandlungstages haben uns die japanischen Partner nach dem Essen in eine Karaokebar geführt", berichtet der Verhandlungsführer eines deutschen Automobilzulieferers. „Zunächst waren wir erstaunt über die detaillierte japanische Kenntnis deutscher Volkslieder. Nach zwei Stunden in der Karaokebar, nach viel Singen und viel Spaß verabschiedete sich der japanische Verhandlungsführer jedoch plötzlich. Seine Delegation folgte auf dem Schritt und innerhalb von drei Minuten war der feuchtfröhliche Abend zu Ende."

Die Gesellschaft in Japan ist weitaus stärker vertikal als horizontal gegliedert. Der Höhergestellte gilt mehr, der Niedriggestellte weniger als in den meisten anderen Ländern. Deshalb ist eine Gruppe, mit der man in Japan verhandelt, nicht unbedingt einem Team nach westlichem Verständnis gleichzusetzen. Zwar besteht das Bedürfnis, innerhalb der Gruppe einen Konsens in der Entscheidung zu finden, „Zen-in-Sanka" genannt. Jedoch bestehen innerhalb dieser Gruppe auch eindeutige hierarchische Regeln, die festlegen, wer der Ranghöchste ist und damit letzten Endes das Sagen hat.

Das gesellschaftliche Leben

Die gesellschaftliche Komponente, das soziale Miteinander, ist in Japan sehr wichtig. Auch hier sollten Sie sich von einem lokalen Verbindungsmann oder auch vom Dolmetscher in die spezifischen Gewohnheiten einweisen lassen:

- Wenn Sie zum Essen eingeladen werden, überlassen Sie die Bestellung Ihrem Gastgeber. Die japanische Küche hat neben Sushi und Sashimi viele einzigartige Köstlichkeiten, wie z. B. das berühmte Kobe-Beef, zu bieten. Lassen Sie sich von Ihrem japanischen Geschäftspartner darin einweisen.
- Beim Essen sollten Sie sich den Gesprächsthemen und dem Verhaltenskodex der Geschäftspartner anschließen. In diesem Zusammenhang ist das gegenseitige Zuprosten und das Aussprechen von Trinksprüchen überaus wichtig. Auch hier sollten Sie sich vorbereiten und einen oder zwei angemessene Toasts aussprechen. Nach Abschluss des Essens erwarten die Gastgeber eine Gegeneinladung, die schnell erfolgen sollte.
- Japaner sind begeisterte Karaokesänger. Richten Sie sich darauf ein, mit Ihren Geschäftspartnern in eine Karaokebar zu gehen. Hier wird häufig bei Bier oder Whisky gesungen und gelacht. Zeigen Sie, dass Sie Freude an der Gesellschaft haben. Sprechen Sie Ihren Gesprächspartner trotzdem nicht beim Vor-, sondern beim Familiennamen an, es sei denn, er bietet Ihnen den Vornamen an.
- Die Körpersprache ist in Japan sowohl in Verhandlungen als auch bei gesellschaftlichen Anlässen äußerst wichtig. Körperberührungen etwa sind kaum angebracht. Sie sollten wissen, dass Japaner z. B. beim Händegeben körperliche Nähe oder gar Schulterklopfen als eher unangenehm empfinden. Achten Sie darüber hinaus auch auf nonverbale Kommuni-

kation: keine längeren und direkten Blickkontakte, legen Sie zwischen Ihren Redebeiträgen Pausen ein, sodass die Gegenseite Ihren Ausführungen folgen kann.

Fazit

Diese Hinweise zum Kommunikations- und Geschäftsverhalten sowie zu Differenzen und Eigenheiten der Japaner sind sicher nicht vollständig. Sie haben den Zweck, den Leser etwas zu sensibilisieren, das Verhalten seines japanischen Geschäftspartners besser zu verstehen und sich dementsprechend genauer auf ungewöhnliche Situationen einzustellen. Auf jeden Fall ist es aber mehr als ein Zugewinn, neben der erfolgreichen Geschäftsanbahnung auch das an Kultur und Historie reiche Land näher kennen zu lernen.

Russland – Erfolg im größten Land der Welt?

Sergey Frank

Russland ist ein Land, das in den letzten Jahren immense Investitionen aus anderen Staaten erfahren hat und neben Brasilien, Indien und China mit in die Reihe der aufstrebenden BRIC-Staaten gehört. Die Finanzkrise hat Russland zum Teil härter getroffen als manche anderen Länder. Vor allem das Bankensystem ist die Achillesverse der russischen Wirtschaft und daher äußerst anfällig. Der wachsende staatliche Einfluss wird das Problem des Finanzsektors langfristig nicht lösen können. Der starke Rubel macht der Realwirtschaft das Leben schwer. Ein niedriger Energiepreis schließlich lässt die Quelle des Booms der vergangenen Jahre versiegen. In der Krise zeigt sich, dass Russland noch immer eine ausweisbare wirtschaftliche Stabilität fehlt. Dennoch bietet das Land ein Potenzial, das größer ist als das aller anderen Staaten Mittel- und Osteuropas. Von den Bodenschätzen über die gut ausgebildeten Arbeitskräfte bis hin zum enormen Infrastrukturbedarf bietet das Land gerade für deutsche Investoren hervorragende Ausgangsbedingungen. Die traditionelle Nähe Russland zu Deutschland, verstärkt noch durch die große Zahl russischsprachiger Menschen in der Bundesrepublik, gibt deutschen Investoren einen Vorsprung gegenüber allen anderen Wettbewerbern. Und bei aller Fremdheit des Landes ist Russland uns noch immer um ein Vielfaches näher als andere Zukunftsmärkte wie Indien, China oder Brasilien – sowohl geographisch als auch mental.

Erfolgsfaktoren im Russlandgeschäft

Beim Blick auf deutsche Investitionen in Russland kommen einem große Erfolge ebenso in den Sinn wie Beispiele grandiosen Scheiterns. Der russische Markt bietet große Chancen, hält aber auch zahlreiche Fallstricke bereit.
Leider ist das Russlandbild in den westlichen Medien oft sehr einseitig, egal, ob im negativen oder im positiven Sinne. Da gibt es diejenigen, die Russland immer noch als Hort des Bösen sehen und von dem Land nichts Gutes erwarten. Dabei werden die unbestreitbar vorhandenen Schwierigkeiten oft zu sehr in den Vordergrund gerückt und positive Entwicklungen ausgeblendet.

Die Gegenposition sieht Russland nach wie vor als positiven Gegenentwurf zu den USA. Sie bringt viel Verständnis für das Land und seine Probleme auf, neigt aber dazu, die negativen Aspekte zu übersehen.
Beide Positionen wechseln sich auch ab. So brachten (und bringen) die Deutschen Gorbatschow eine Verehrung entgegen, die in Russland nicht geteilt wird. Während man in den 90er-Jahren im Chaos der Transformation die positiven Entwicklungen übersah, wurde der wirtschaftliche Aufschwung seit 1998 zum Teil zu euphorisch gesehen. Als Russland zum Jahreswechsel 2006/2007 wieder den wirtschaftlichen Stand von 1990 erreicht hatte, sah mancher schon wieder einen Anlass, das Land als wirtschaftliche Bedrohung zu empfinden. In den Monaten nach dem Georgienkonflikt überwiegen die negativen Aspekte, während die Zusammenarbeit in der Finanzkrise positiv bewertet wird.
Wer in Russland investiert, kann sich nicht von einer Glaubensrichtung leiten lassen. Weder ist Moskau das dritte Rom noch das Reich des Bösen. Nur seriöse und solide Informationen können die Basis eines erfolgreichen Investments sein. Diese Wahrheit gilt natürlich auch in Russland.

Russland ist eine eigene Welt

Fliegt ein russischer Geschäftsmann nach Frankfurt oder Berlin, wird er davon sprechen, dass er „nach Europa" fliegt, so als gehörten Moskau oder St. Petersburg nicht dazu. Geographisch lässt sich dies kaum bestreiten, kann man doch in der Nähe von Jekaterinburg ein Denkmal bewundern, das die Grenze zwischen Europa und Asien markiert. Russland ist zwar kulturell und historisch eng mit Europa verbunden, hat aber vom byzantinischen Einfluss über die Tartarenherrschaft bis zum Kommunismus immer einen eigenen Weg gehen müssen. Die Eroberung Sibiriens hat die russische Mentalität stark geformt, ebenso das raue Klima.
Daher darf alle Ähnlichkeit nicht darüber hinwegtäuschen, dass Land, Leute und Kultur sich erheblich von dem Europa der Europäischen Union unterscheiden. Westliche Investoren in China oder Indien fühlen und sehen, dass sie sich in einer fremden Kultur bewegen. In Russland geht dieses Gefühl häufig verloren, da die Menschen sich auf den ersten Blick nicht von uns unterscheiden. Wer aber die dennoch vorhandenen kulturellen Unterschiede unterschätzt, muss mit Überraschungen rechnen – auch negativen.

Es ist dringend davor zu warnen, westliche Rezepte ungeprüft und vor allem 1:1 auf Russland zu übertragen. Egal, ob im Recht, bei Verhandlungen, Managementkonzepten oder in der Personalführung – Russland lebt nach eigenen Regeln. Es ist z. B. nicht damit getan, im Vertrag Madrid durch Moskau oder bei Verhandlungen Euro durch Rubel zu ersetzen. Erst recht gilt dies für Rezepte, die in anderen Transformationsstaaten ihre Früchte gebracht haben. Die Russen haben in den letzten Jahren wieder Selbstbewusstsein gewonnen und lassen sich ungern am Beispiel mittelosteuropäischer Staaten belehren, so berechtigt diese Lehre im Einzelfall auch sein mag.

Der Erfolg in Russland hängt auch davon ab, wie stark man bereit ist, sich auf das Land, seine Kultur, Sprache und Mentalität einzulassen. Russische Geschäftspartner spüren sehr genau, wie Sie über Russland denken. Die Sympathie für deutsche Geschäftsleute rührt auch daher, dass diese versuchen, sich dem Land zu nähern. Ein paar Brocken Russisch, ein Lob auf russische Musik, Sport oder Wissenschaft, ein Hinweis auf Besuche in St. Petersburg oder im Altai eröffnen den Zugang. Auch Geschäftsleute sind Menschen. Deshalb lohnt sich auch ein näherer Blick auf die spezifische Kommunikation:

Auf Russisch – „Po Russki"

Viele jüngere Russen mit Universitätsbildung sprechen vor allen in den Großstädten Englisch. Die älteren Geschäftspartner hingegen, die häufig die Entscheidungen treffen, sind der Sprache meist nicht so mächtig. Zwar gibt es in Russland auch ältere Manager und Beamte, die aufgrund eines Studiums in der damaligen DDR die deutsche Sprache beherrschen. Wichtige Gespräche werden jedoch häufig auf Russisch geführt, weshalb sich der Einsatz eines eigenen Dolmetschers, den man bereits kennt oder der von Dritten empfohlen worden ist, empfiehlt. Referenzen zu den spezifischen Fähigkeiten des Dolmetschers sind dabei wichtig. Vermeiden Sie generell lange und umständliche Formulierungen sowie umgangssprachliche Wendungen. Eine kurze und knappe Rhetorik, vor allem unter Zuhilfenahme von Strukturen, die man etwa an einer Tafel visualisiert, erleichtern die Kommunikation. Sie macht auch komplexe Inhalte klarer.
In welcher Sprache verhandelt wird, hängt stark von der Region ab. Kenntnisse der englischen und deutschen Sprache sind in Metropolen wie Moskau oder St. Petersburg häufiger anzutreffen, in kleineren Städten oder auf dem

Land hingegen kaum. In den mittelasiatischen Republiken sollte man generell davon ausgehen, dass Deutsch- oder Englischkenntnisse eher selten sind. Doch unterschätzen Sie den russischen Partner nicht. Er hat in den letzten zwanzig Jahren unglaublich viel dazugelernt. Ein Kompliment wie z. B. „Sie sprechen gut Englisch" kann für Sie zum Eigentor werden, da Ihnen Ihr Gegenüber mit „Vielen Dank. Wir essen auch mit Messer und Gabel." antworten könnte.

Russen kommunizieren eher auf eine Art, die auf den ersten Blick den Kommunikationsmechanismen von Deutschen oder Amerikanern ähnelt. Trotzdem ist die Kommunikation anders: Wichtig ist es, immer das Gesicht zu wahren und die Gegenseite zu respektieren. Eine zu starke Dominanz oder Besserwisserei ist abträglich. Bieten Sie daher auch in Verhandlungen Kompromisse an, die nicht als Niederlage empfunden werden. Rhetorik und Kommunikation sollten höflich und konsistent bleiben.

> Unterschätzen Sie in Russland nie die für Verhandlungen benötigte Zeit. So wird häufig vom „Faktor 4" gesprochen, was heißt, dass man in Russland die vierfache Zeit für die gleichen Geschäfte wie im Westen benötigt. Vertrauen Sie aber umgekehrt nicht darauf, dass während der Verhandlungen lange nichts passiert – manchmal sind innerhalb kürzester Zeit sehr wichtige Entscheidungen zu treffen.

In Verhandlungen hilft es immer sehr, einen Inhalt so transparent wie möglich zu machen. Dabei bieten sich neben PowerPoint-Präsentationen auch einfache Hilfsmittel wie Flipchart oder Tafel an. Darüber hinaus sollten Sie im Voraus gemeinsam mit Ihrem russischen Partner Schlüsselbegriffe definieren, um Missverständnisse von vornherein auszuräumen und den Verhandlungsverlauf zu strukturieren. In diesem Zusammenhang kann auch eine stringente Tagesordnung nützlich sein. Im Prinzip gelten in Russland die gleichen Regeln wie überall: „Je einfacher, desto besser" in der Sprache und „je anschaulicher, desto klarer" in den Erklärungen.

Der russische Hierarchiegedanke

In Russland existiert ein stark ausgeprägtes Obrigkeitsdenken, sei es in der Politik oder auch in der Wirtschaft. Das bedeutet, dass der Geschäftsführer seine Entscheidungsbefugnisse nicht unbedingt an Untergebene abgibt und deshalb mitunter keine Entscheidungen getroffen werden können, wenn dieser fehlt.

Fallbeispiel
So sieht dies auch der Projektleiter eines deutschen Automobilzulieferers über eine angedachte Kooperation in Russland: „Geschäfte kann man nur machen, wenn man mit dem Generaldirektor direkt redet. Führungskräfte delegieren hier, im Gegensatz zu Deutschland, keine Entscheidungsbefugnisse an ihre Untergebenen. Und was der Generaldirektor nicht anweist, wird nicht durchgeführt. In seiner Abwesenheit passiert nichts."

Das Matrix-Denken westeuropäischer Manager, in kleinen Teams mit einer hohen Kompetenzverteilung zu arbeiten, ist in Russland kaum vorhanden. In vielen Fällen entstehen Probleme, wenn der zweite Mann im Unternehmen, in der Regel der kaufmännische Leiter, nicht nur an den russischen Generaldirektor, sondern „in dotted line" an die deutsche Muttergesellschaft, insbesondere an das Konzernberichtswesen, kommunizieren soll. Hier kann, für westliche Augen eher befremdend, ein Interessenskonflikt entstehen, da russische Mitarbeiter selten etwas ohne die Zustimmung des Generaldirektors machen.

Rahmenbedingungen genau studieren

Die oben geschilderte Janusköpfigkeit Russlands in den deutschen Medien findet sich auch in der Wirtschaft wieder. Manche sehen Russland als heilbringenden Rettungsanker, andere meiden das korrupte Land so gut sie können. Beide Vorgehensweisen sind unklug:

- Die erste Herangehensweise birgt das Risiko einer zu starken Abhängigkeit vom Russlandengagement. Dies kann schlimmstenfalls dazu führen, dass bei einem Scheitern auch das deutsche Unternehmen in die Insolvenz gerissen wird. Grundsätzlich sollte eine Russlandinvestition nicht erfolgen, wenn dem Unternehmen in der Heimat das Wasser bis zum Hals steht. Ein Russlandengagement erfordert viel Energie, Zeit und Geld, bevor es Rendite bringt. Wer keinen langen Atem hat, sollte die Finger davon lassen. Als Grundregel gilt, dass ein Russlandengagement immer nur so groß sein darf, dass das Heimatunternehmen auch einen Totalverlust der Investition überstehen würde.
- Die zweite Herangehensweise birgt die Gefahr, wichtige Chancen für das eigene Unternehmen zu versäumen. Der russische Markt birgt ein enor-

mes Potenzial. Ein nüchterner Betrachter sollte dieses Potenzial zumindest genau studieren, bevor er eine Entscheidung trifft. Dabei muss er sich stets vergegenwärtigen, dass das Russlandbild im Westen von starken Vorurteilen und großer Unkenntnis des Landes gekennzeichnet ist.

> Wichtig ist vor dem Herangehen an den Markt eine genaue Marktanalyse: Wie ist der Markt definiert, welche Wettbewerbsprodukte sind vorhanden, was sind die wesentlichen Parameter, die den definierten Markt ausmachen? Dies sind nur einige Fragestellungen, die Sie vor einem möglichen Markteintritt analysieren sollten.

Die Relevanz des Businessplans

Am Beginn eines jeden Russlandengagements steht ein Businessplan. Auf die Erarbeitung dieses Businessplanes sollten Sie besondere Aufmerksamkeit verwenden. Viele Investitionen scheitern daran, dass ihnen unrealistische Annahmen zugrunde lagen. Wer etwa von westlichen Gehaltssteigerungen von maximal 5 % ausgeht, wird sehr bald ein Personalkostenproblem bekommen. Wer westliche Produktivität in die Planung einstellt, wird eine Überraschung erleben.

Im Businessplan müssen sich die russischen Besonderheiten widerspiegeln. Daher können Zeit- und Kostenansätze nicht nur aus Deutschland beurteilt werden. Ausreichende Puffer sind unerlässlich. Viele westliche Projektverantwortliche versprechen ihrer Geschäftsleitung im Businessplan viel zu viel, sei es, um das Projekt unbedingt zu starten, oder weil in der ersten Phase zu sehr gespart wurde. Diese Projektverantwortlichen geraten schnell in eine sehr schwierige Lage. In Russland läuft ihnen der Plan aus dem Ruder, während sie von Deutschland unter Druck gesetzt werden, weil sie die selbst gesetzten Ziele und Budgets nicht einhalten.

> Ohne ortskundige Berater ist das Erstellen eines solchen realistischen Businessplans kaum möglich. Es wäre zu kurzfristig, Berater erst einzuschalten, wenn man schon im Land ist und die ersten Schritte tut. Noch schlimmer ist es, sich erst bei auftretenden Problemen an sie zu wenden. Die Erfahrung zeigt, dass die Korrektur von Fehlern ein Mehrfaches an Zeit, Energie und damit Geld erfordert als die von Anfang an seriöse Gestaltung. Gerade rechtliche Strukturen lassen sich nur mühsam korrigieren.

Geschäftsorganisation

Bereits im Businessplan ist auch die Organisation der Tätigkeiten in Russland zu planen. Neben der Wahl einer geeigneten Rechtsform sind zahlreiche weitere Faktoren zu beachten. Grundsätzlich erfordert die Eigenverwaltung eines Unternehmens deutlich mehr Aufwand als in Deutschland. Sehr viel mehr Mitarbeiter sind in Russland nur damit beschäftigt, das Unternehmen am Leben zu erhalten, alle rechtlichen Anforderungen zu erfüllen, Steuern zu zahlen, Genehmigungen einzuholen, Personal zu verwalten etc. Anders als in Moskau, das den Eindruck eines allgemein schnelllebigen Landes vermittelt, erfordern viele Dinge in Russland sehr viel mehr Zeit als in der Heimat. Zudem sollten Sie bedenken, dass Geschäfte in Russland weniger geradlinig und gleichmäßig verlaufen. Zeiten extremer Hektik stehen lange Ruhephasen gegenüber, bevor wieder alles ganz schnell gehen muss. Außerdem sollten Sie wissen, dass zahlreiche Fragen bereits vor dem Beginn eines Engagements geklärt werden müssen. So sollten etwa Schutzrechte an geistigem Eigentum stets vor dem ersten Russlandgeschäft mit Wirkung für Russland geschützt werden. Dies erfordert keine Aktivitäten in Russland, sondern kann auch von Deutschland aus geschehen. Ähnliches gilt für Lizenzen, Genehmigungen oder Internetadressen.

Der Faktor Personal – „das A und O"

Personal ist – wie in jedem Land der Welt – der Schlüsselfaktor für den Erfolg des Russlandengagements. Auswahl und Führung der Mitarbeiter sind daher kaum hoch genug einzuschätzen. In einem Land mit schrumpfender Bevölkerung und bis dato hohem Wirtschaftswachstum ist der Faktor Personal schon heute ein starkes Hemmnis für viele Unternehmen. Auch die unbefriedigende Situation des russischen Ausbildungssystems in den 1990er-Jahren (und teilweise bis heute) trägt zu einer Mangelsituation bei. Neben guten russischen Mitarbeitern, die oft umfangreich ausgebildet und dann an das Unternehmen gebunden werden müssen, kommt den Personen in den Schnittstellen größte Bedeutung zu. Der Erfolg eines Russlandengagements hängt – das zeigt die Praxis – oft von wenigen Personen ab. Neben den aus der Heimat nach Russland entsandten Mitarbeitern sind dies in erster Linie die Ansprechpartner im heimischen Unternehmen. Diese sollten stets Russlanderfahrung haben. Außerdem müssen sie eine ausreichend große Entscheidungskompetenz haben, um flexibel reagieren zu können. Im Idealfall könnte der Vorgänger des nach Russland entsandten Managers sein Ansprechpartner in der Heimat sein. Dies transferiert Knowhow aus der Entsendung nach Deutschland und erleichtert dem Mitarbeiter vor Ort die Tätigkeit ungemein.

Fazit

Russland bleibt nach wie vor in einer gewissen Weise ein Rätsel – eine hohe Transformationsgeschwindigkeit aus einem sozialistischen in ein kapitalistisches System, ein großes Wachstum des Landes vor der Krise und eine leichte Erholung in der Zwischenzeit. Außerdem existiert in dem Land ein mittlerweile beachtenswerter technologischer Standard. Trotzdem ist dieses Riesenreich in vielen Dingen anders als Westeuropa. Was man in der Volksrepublik China aufgrund der Exotik und der Andersartigkeit für selbstverständlich hält, kann einen in Russland überraschen. Stellt man sich auf die Andersartigkeit des Landes und seiner Menschen ein, ist Russland ein eminent wichtiger Markt, auch für Investitionen. Vor allem im Hinblick auf mittel- und langfristige Investitionen lohnt sich ein Engagement im größten Land der Welt.

China – Riesenreich, aber auch Riesenmarkt?

Sergey Frank

Seit dem letzten Jahrzehnt wuchs die Volksrepublik China zu einer wesentlichen Wirtschaftskraft weltweit heran. Daran hat auch die Finanzkrise nichts geändert, ganz im Gegenteil. Sie hat zwar auch die Volksrepublik China getroffen, aber bei Weitem nicht in dem Umfang wie viele andere Länder. Viele Unternehmen gehen nach wie vor in das Reich der Mitte. Zahlreiche Global Player wie Volkswagen, BASF, Bayer, Coca Cola, Henkel oder Procter & Gamble sind im Reich der Mitte bereits vertreten. Doch auch der deutsche Mittelstand engagiert sich mittlerweile sehr stark und auf vielfältige Weise. Die größten Vorzüge des Landes sind hohe wirtschaftliche Zuwachsraten, ein immens großer Absatzmarkt mit immer mehr zahlungswilligen Konsumenten und einer positiven demographischen Entwicklung sowie eine zunehmende Liberalisierung. All dies sind Einflussgrößen, die den Appetit vieler internationaler Unternehmen geweckt haben. Dieser Appetit wird auch deswegen größer, weil die Konjunktur im eigenen Land nicht anspringt.

Aber ist dieses Riesenreich tatsächlich ein sich schnell entwickelnder und hoffnungsvoller Zukunftsmarkt, der nachhaltige und langwierige Investionen rechtfertigt? Denn nicht jedes wirtschaftliche Engagement ist von Erfolg gekrönt. Viele Unternehmen haben die erhofften schnellen Renditen nicht erzielt. Welche Fehler machen westliche Unternehmer also bei ihrem Engagement in China, wo liegen die Besonderheiten beim Verhandeln und Geschäftemachen sowie im operativen Betreiben eines Unternehmens vor Ort? Auf diese Fragen werden wir hier eingehen.

Langsames Werben

Fallbeispiel
> „Cold Calls kann man vergessen. Da erntet man nichts als Unverständnis und höfliche Absagen. Kaltakquisition ist in China kein geeigneter Weg, um Geschäfte anzubahnen", weiß der Projektmanager eines deutschen Automobilzulieferers, der hier ein großes Produktionswerk ansiedeln wollte. Chinesische Manager sind es nicht gewohnt, dass ein (potenzieller) Geschäftspartner „mit der Tür ins Haus fällt".

Vielmehr ist Geduld gefragt und ein langsames und geschicktes „Werben" um den Partner. Eine erste Kontaktaufnahme kann über eine Handelsmesse, eine offizielle Handelsdelegation, im Land selbst durch eine internationale Bank, ein Anwalts- oder Wirtschaftsprüferbüro oder den Vertreter der Botschaft erfolgen. Mittelsmänner spielen bei dieser Art der Geschäftsanbahnung eine wichtige Rolle. Sie sollten Personen sein, die beiden Seiten gut bekannt sind und Vertrauen genießen, um das Eis langsam zu brechen.

Auch in der Verhandlung selber ist Geschwindigkeit nicht gefragt. Die Liebe zum Vertragsdetail und das Ziel kurzfristiger geschäftlicher Bindungen sind ein Grund für das Scheitern vieler amerikanischer und westeuropäischer Investoren. Das Motto „Time is Money" und der starre Blick auf rasche Ergebnisse und Renditen führen in China auf den Holzweg. Wie in allen asiatischen Ländern gilt es, zunächst eine positive persönliche Beziehung zum potenziellen Geschäftspartner aufzubauen. Je besser diese Beziehung, desto einfacher und schneller laufen die Verhandlungen.

Bei Verhandlungen sind in China generell folgende Vorgehensweisen empfehlenswert:

- Es bietet sich an, mehrfach Fragen zu stellen. Es heißt nicht nur „Wer fragt, gewinnt", sondern es ist in der Situation oft clever, sich etwas dumm zu stellen. Wenn man die gleiche Frage mehrmals stellt – „Ich bin mir nicht sicher, Sie richtig verstanden zu haben. Können Sie das noch einmal erklären?" –, können Schwachstellen in der Argumentation der Gegenseite aufgedeckt werden, was wiederum zu Zugeständnissen führen kann.

- Ausdauer und Konsistenz im Umgang mit den chinesischen Partnern ist wichtig. Zum Beispiel sollte man auf die Situation des eigenen Unternehmens sowie die spezifischen Anforderungen und Wünsche mehrmals eingehen, um den Standpunkt deutlich zu machen.

- Darüber hinaus ist es vorteilhaft, chinesischen Geschäftspartnern Informationen über die eigenen Mitbewerber zu geben. Insbesondere sollte man den spezifischen Mehrwert der eigener Produkte oder Dienstleistungen im Vergleich zum Wettbewerb klar darlegen. Und da Taten besser sind als Worte, ist es wichtig, mögliche Ergebnisse zu demonstrieren.

Guanxi

Chinesen haben ein spezielles Wort für die geschäftliche Kontaktpflege – „Guanxi". Es umschreibt die intensive Pflege eines persönlichen und reziproken Beziehungssystems und geht über ein im westlichen Sinne herkömmliches Networking hinaus. Der Umgang mit dieser Form der Geschäftsauffassung ist nicht immer einfach. Auf der einen Seite steht ein vertrauensvoller und enger Umgang miteinander. Andererseits erwarten die chinesischen Partner von einem Freund naturgemäß größere Rücksichtnahme und Konzessionen. Es gilt das Sprichwort, dass kleine Gefälligkeiten die Freundschaft erhalten. In diesem Spannungsfeld zwischen langsamer Geschäftsanbahnung, engem und vertrauensvollen Umgang sowie dem Streben nach einer Win-win-Situation bewegt sich der ausländische Manager. Hier gilt es für ihn, ebenso taktvoll zwischen Geschäftssinn und Sympathie wie zwischen Rendite und Vertrauen abzuwägen – ein schwieriger Balanceakt.

Glücklicherweise haben intelligente westliche Geschäftsleute schon immer Geld in China verdient – und trotz einiger Kommunikationsschwierigkeiten stehen die Zeichen auch in Zukunft gut für neue Geschäftsbeziehungen. Die Chinesen arbeiten hart, um westliche Unternehmen ein- bzw. zu überholen und mit ihnen zu konkurrieren.

Jedes Jahr, das Sie jetzt in China investieren, wird sich in der Zukunft auszahlen – denn in einer Welt, die durch Jahrtausende alte Erfahrungen geprägt ist, brauchen junge Beziehungen lange, geduldige Pflege, um gedeihen zu können.

Business-Sprache Englisch? Ja, aber ...

Wie in anderen Wachstumsmärkten auch, kann man in der Volksrepublik China davon ausgehen, dass viele Manager zwar englische Sprachkenntnisse haben, man sollte sich aber nicht darauf verlassen, Verhandlungen tatsächlich auf Englisch zu führen. So können zwar die meisten jungen Chinesen Englisch, allerdings sind die älteren Geschäftspartner, die letzten Endes die Entscheidungen treffen, der Sprache nur selten mächtig. Ein Dolmetscher ist bei wichtigen Verhandlungen daher unabdingbar.

Apropos Sprache: Während Mandarin die Standardsprache ist, werden in China zahlreiche Dialekte gesprochen, so in Shanghai der Shanghai-Dialekt und in Beijing ein abgewandelter Beijing-Dialekt. Auch gibt es in China hinsichtlich regionaler Geschäftsgebaren markante Unterschiede. Im Süden, etwa im Großraum Shanghai, sind die Verhandlungen oft sehr „tricky" und die chinesische Seite ist extrem auf ihren Vorteil bedacht. Im Norden hingegen ist die Kommunikation neutraler.

> Chinesen kommunizieren auf indirekte Art, wie es für Europäer oder Amerikaner eher fremd ist. Eine strikte Verneinung wird in China vermieden. Ihr Geschäftspartner wird Ihnen nie eine direkte Absage erteilen. Er wird sein „nein" umschreiben, um Sie nicht bloßzustellen und sich selbst nicht endgültig festlegen zu müssen.
> In einem persönlichen Gespräch hingegen wird er eher offen seine Meinung sagen. Beide Verhaltensweisen entsprechen dem wichtigsten Kommunikationsprinzip der chinesischen Kultur: Wichtig ist es, das Gesicht zu wahren und dem Gegenüber Respekt zu zollen. Dieses Prinzip ist auch in Verhandlungen relevant. Bieten Sie demnach Kompromisse an, die nicht als Niederlage empfunden werden. Rhetorik und Kommunikation sollten dabei höflich und harmonisch bleiben ohne zu viel Druck und übermäßige Lautstärke.

Business am Buffet und großes Stühlerücken

Chinesische Manager und Unternehmenslenker sind alles andere als Individualisten. So sitzt man in Verhandlungen in der Regel einem großen Team gegenüber. Dies muss kein Nachteil sein. Denn: Die Verhandlungseffizienz der einen Seite wird mit zunehmender Anzahl der Verhandlungsteilnehmer geringer. Verhandlungen dauern dadurch aber auch länger als in Europa oder den USA. Darauf gilt es sich einzustellen und entsprechenden Zeitaufwand einzukalkulieren, aber auch Geduld gegenüber den Verhandlungspartnern sollten Sie zeigen.
Der soziale Aspekt einer Geschäftsbeziehung ist in China ein wichtiger Erfolgsfaktor: Ein beliebtes Mittel, um das Angenehme mit dem Nützlichen zu verbinden, sind Bankette, die meist in Hotels stattfinden. Diese semigeschäftlichen Veranstaltungen sind ausgesprochen förmlich und beinhalten etwa das traditionelle Aussprechen von Toasts, in denen man die gegenseitige Beziehung als Basis einer langfristigen Zusammenarbeit mit dem Geschäftspartner betont.

Vom Eingeladenen wird häufig erwartet, dass er innerhalb einiger Tage eine Gegeneinladung ausspricht. Die richtige Tischordnung ist dabei wichtig: In der Regel sitzt der Gastgeber so weit wie möglich vom Eingang des Raumes entfernt, der wichtigste Gast sollte rechts und sein Stellvertreter links vom Gastgeber platziert werden. Auch hier ist ein erfahrener Dolmetscher ein guter Ratgeber. Die Dolmetscher sollten rechts vom Hauptgast und links von seinem Stellvertreter Platz nehmen.

Die Mimik verkörpert für Chinesen Persönlichkeit und Reputation. Es ist daher angebracht, eher formeller als notwendig zu sein und – auch wenn es „feuchtfröhlich" wird – weder übertrieben laut oder humorig zu werden noch dem Alkohol übermäßig zuzusprechen.

Vom Lehrling der Marktwirtschaft zum Marktführer?

Als positive Eigenschaften gelten chinesischen Managern Erfahrung, Höflichkeit und Geduld, Gastfreundschaft sowie die Fähigkeit, langfristige Geschäftsverbindungen aufzubauen. Auf der anderen Seite sind chinesische Manager in der Welt der globalisierten Wirtschaft Newcomer. Hieraus resultiert ein gewisses Maß an Unsicherheit. Hinzu kommt ein nach wie vor großes Sicherheitsbedürfnis. Denn: Der Aufstieg auf der Karriereleiter im Unternehmen wird oftmals verglichen mit dem Weg nach oben auf politischer Ebene. Der weitere Weg in einem Unternehmen kann durchaus vom Erfolg einer wichtigen Verhandlung abhängen.

Zudem sind historisch gewachsene Verhaltens- und Denkmuster noch immer präsent. Es ist daher nur das erlaubt, was bereits irgendwo geregelt ist. Pragmatische Lösungsansätze können verworfen werden, wenn wichtige juristische Voraussetzungen nicht geregelt sind.

Fallbeispiel
"Das gleicht schon manchmal einem Eiertanz. Man sitzt mit vernünftigen und pragmatischen Menschen zusammen und eine für alle optimale Lösung kann nicht umgesetzt werden, weil irgendein Gesetz fehlt oder eine Vorschrift nicht ganz deutlich ist. Hier sind viel Geduld und Guanxi gefragt", beschreibt der Verhandlungsführer eines deutschen Turbinenherstellers seine Erfahrungen mit der chinesischen Bürokratie.

Technisch sind chinesische Manager zumeist gut beschlagen, da viele ihre Karriere aus technischen Funktionen heraus starten. Daher auch die in der Regel erfolgreichen und vergleichsweise unkomplizierten Kooperationen mit ausländischen Partnern auf technischem Gebiet.

Fallbeispiel
> „Was die technischen Details angeht, waren wir sehr schnell auf einem Nenner. Die Chinesen waren gut vorbereitet und mit ihrem technischen Fachwissen absolut ‚state-of-the-art'", so der deutsche Turbinenhersteller.

Dies gilt jedoch nicht für alle Geschäftsbereiche: Marketing-Budgets, die Auswahl von Vertriebswegen, aber auch juristische Detailfragen, die auf internationalem Handelsrecht basieren, werden oft eher peripher behandelt. Diese Entwicklung ändert sich jedoch inzwischen: Je jünger der Verhandlungspartner, desto besser ist er auch in allen betriebswirtschaftlichen Belangen ausgebildet. In China wächst eine starke junge Garde von Geschäftsleuten heran. Für diese Aufsteiger der Wirtschaft kann die weitere Karriere auch vom Erfolg der Verhandlung abhängen.

Der Mittelsmann

Ohne einen Mittelsmann, auch „Zhong-jian Ren" genannt, haben westliche Geschäftsleute in China wenig Chancen auf einen Geschäftsabschluss. Dieser Mittelsmann ist mit dem spezifischen, persönlichen und reziproken Beziehungssystem, das in China vorherrscht und über ein im westlichen Sinne herkömmliches Networking hinausgeht, vertraut.

> Vertrauen ist für Geschäftsbeziehung in China essenziell. Dieses muss mithilfe von Guanxi vermittelt werden, d. h., ein Geschäftspartner, dem Sie vertrauen, muss Sie an Geschäftspartner, denen er vertraut, weitervermitteln. Dieser ausschlaggebende erste Schritt hilft Ihnen, wichtige persönliche Kontakte zum jeweiligen Unternehmen oder Geschäftsführer herzustellen.

Ein talentierter chinesischer Mittelsmann ist auch nach dem ersten Meeting unverzichtbar, da er hilft, uneindeutige Äußerungen richtig zu interpretieren. Denn anstatt in Verhandlungen geradeheraus „nein" zu sagen, wechseln chinesische Geschäftsleute lieber das Thema, verhalten sich still, stellen eine andere Frage oder antworten, indem sie zweideutige oder unbestimmt positive Ausdrücke verwenden, die einen leicht negativen Unterton haben.

Häufig kann auch nur der Mittelsmann feststellen, was gerade passiert. Wenn ein ungeduldiger Verhandlungspartner aus der westlichen Welt wissen möchte, was die Chinesen von seinem Vorschlag halten, werden diese ausnahmslos in ausweichender Weise erwidern, wie z. B. „Lassen Sie uns mal sehen" oder „Lassen Sie es uns prüfen" – auch wenn sie denken, dass mit dem Vorschlag etwas nicht stimmt. Dies ist eine der Situationen, in denen der Mittelsmann eingreifen kann, da seine Aufgabe weniger in der Übersetzung von Worten als vielmehr in der Vermittlung zwischen den Kulturen liegt.

Oft kommt es auch vor, dass beide Parteien dem Mittelsmann offen Dinge sagen können, die sie einander direkt nicht vermitteln könnten. In China bringt zuerst der Mittelsmann, nicht der eigentliche Verhandlungspartner das zu diskutierende Geschäftsthema ins Gespräch. Er kann darüber hinaus häufig auch Differenzen ausgleichen. Tatsächlich kann es einem guten Mittelsmann gelingen, eine komplexe Situation und erhebliche Meinungsverschiedenheiten im Rahmen der Verhandlungen wesentlich zu reduzieren.

Wie auf dem Basar?

Fallbeispiel
„Zunächst ging alles sehr korrekt und förmlich vonstatten. Je länger sich die Verhandlungen hinzogen und je tiefer es in die Einzelheiten ging, desto mehr kam man sich aber vor wie auf einem Basar. Da wurde buchstäblich stundenlang um Details gefeilscht", so die Erfahrung des Verhandlungsführers eines deutschen Automobilzulieferers.

In der Tat verfügen chinesische Verhandler über eine unglaubliche Ausdauer, wenn es darum geht, für sie wichtige Detailfragen zu klären. Sie erwarten das Gleiche von ihrem Verhandlungspartner. Die Verhandlungsphasen, in denen Konzessionen gewährt werden, dauern lange. Bleiben Sie genauso zäh wie Ihr Gegenpart, pflegen Sie aber gleichzeitig die positive Atmosphäre. Zugeständnisse sollten immer unter den Aspekten Ausgleich und Win-to-win diskutiert werden.

Work in Progress: Der Vertrag

Es ist in China durchaus üblich, einmal vereinbarte Festlegungen in der nächsten Verhandlungsrunde zu modifizieren. Eine Art Vertragskonstanz oder die Verpflichtung, sich an geschlossene Vereinbarungen zu halten, besteht nicht immer. Deshalb sollten alle Verhandlungsergebnisse im Detail schriftlich festgehalten werden, unabhängig davon, ob die Vereinbarung teilweise oder auch vollständig getroffen worden ist. Mündliche Zusagen haben gewöhnlich keine lange Lebensdauer. Es ist daher zu empfehlen, immer einen Rechtsanwalt zu den Verhandlungen hinzuzuziehen.
Auch empfiehlt es sich, am Anfang der Verhandlungen die Vollmachten der Gegenseite abzuklären. Ist sie befugt, ein Geschäft abzuschließen, oder sollen zunächst nur Informationen gesammelt und das Terrain sondiert werden, damit in der nächsten Verhandlungsrunde ein anderer Mitarbeiter die Vereinbarung verbindlich abschließen kann?
Da China ein sozialistisches Land ist, wird Handel in der Regel durch staatliche Unternehmen oder Regierungseinrichtungen betrieben. Die Vertragsgestaltung ist bis auf wenige Ausnahmen, wie z. B. Mietverträge, relativ frei. Vorgegeben sind bestimmte Regelungen, die aber erfahrungsgemäß mit „Pro-forma-Inhalten" erfüllt werden können. Für Binnengeschäfte sollte man bedenken, dass ein entsprechendes Vertragsgesetz erst seit einigen Jahren besteht und die Ausstellung von Lizenzen, die für viele Geschäfte verlangt werden, mitunter länger dauern kann.

China ist nicht China

Erstaunlich ist, dass trotz der immer noch weit verbreiteten relativen Armut in China für bestimmte Produkte ein reißender Absatzmarkt existiert. So finden etwa Handys, die zu einem für chinesische Verhältnisse relativ hohen Preis angeboten werden, einen regen Absatz. Rein auf die theoretische Kaufkraft ausgerichtete Marktanalysen und Umsatzprognosen geben dabei nur eine ungefähre Orientierungshilfe.

Fallbeispiel
„Wir wurden von allen Seiten gewarnt, dass für unser Produkt bestenfalls in den großen Städten ein nur kleiner Absatzmarkt vorhanden sei. Dennoch haben wir den Sprung gewagt. Mit dem Ergebnis, dass wir auf dem Land wie in der Stadt zu guten Preisen hohe Stückzahlen abgesetzt haben. Dies, weil unser Produkt einfach die Wünsche der Chinesinnen getroffen hat", berichtet etwa der Vertriebsleiter eines deutschen Herstellers von Miederwaren.

Fazit

Bei aller Öffnung und Liberalisierung ist China nach wie vor ein schwieriger und heterogener Markt. Der südliche Teil nähert sich in Infra- und Wirtschaftsstruktur dem kapitalistischen Hongkong an. Andere Gebiete, vor allem im Westen und Norden des Landes, sind hingegen als nach wie vor rückständig zu bezeichnen. Strukturen wie ein gut funktionierendes Verkehrsnetz, das Vorhandensein von Serviceleistungen wie Dolmetschern, Sekretärinnen mit Fremdsprachenkenntnissen oder modernen Telekommunikationseinrichtungen sowie notwendige Spezialisten wie z. B. internationale Rechtsanwälte und Wirtschaftsprüfer sind nicht überall gleichmäßig vorhanden.

Generell gilt die Regel, dass die Infrastruktur in Großstädten besser entwickelt ist als in den Provinzen. Unabhängig von den infrastrukturellen Voraussetzungen sind Improvisationskunst und die Fertigkeit, unabhängig von Serviceleistungen Dritter zu arbeiten, jedoch immer unabdingbar, wenn man in China erfolgreich sein will.

Fallbeispiel
„Für uns hat sich das Engagement auf jeden Fall gelohnt. Der Weg bis zum Vertragsabschluss war zwar lang. Bei der Verhandlung für den Standort eines unserer Werke in der Provinz mussten wir nach nächtelangem Verhandeln, in das immer wieder neue Modifikationen von administrativer Seite hereingetragen wurden, die Verträge bei Kerzenschein unterschreiben. Ein Staudamm war gebrochen und die Stromversorgung zusammengebrochen. Dennoch: Das Verhandeln in China hat nicht nur neue Erfahrungen gebracht, sondern tatsächlich eine enge und für beide Seiten fruchtbare Beziehung mit dem Verhandlungspartner gezeigt", fasst der Verhandlungsleiter eines deutschen Pharmaherstellers zusammen.

Brasilien – Gute Geschäfte am Zuckerhut

Sergey Frank und Axel Werner

Die Deutsch-Brasilianischen Wirtschaftstage Ende Mai 2010 in München, zu denen mehr als 200 Unternehmer und Wirtschaftsvertreter angereist waren, machten noch einmal die Ausnahmestellung Brasiliens deutlich. Zwar erlebte Brasilien im Sog der globalen Krise eine kurze und heftige Rezession. Schon seit Monaten geht es aber wieder bergauf, wie zahlreiche Indikatoren belegen. Vielen deutschen Tochtergesellschaften dort geht es besser als ihren Muttergesellschaften.

Rund 1.300 in Brasilien angesiedelte deutsche Unternehmen erwirtschaften dort allein 10 % des industriellen Bruttosozialprodukts, vor allem in Schlüsselindustrien wie Fahrzeugbau und Chemie. Aber auch andere Industrien sind involviert: So ist der Bau eines Stahlwerks für 4,5 Milliarden Euro unter Federführung der ThyssenKrupp AG die derzeit größte Investition in Brasilien. Doch auch mittelständische Unternehmen aus Deutschland engagieren sich immer mehr vor Ort.

Und es geht weiter: So wird das Land in den kommenden 20 Jahren bis zu 130 Milliarden Euro jährlich in den Ausbau seiner Infrastruktur investieren. Allein für die Vorbereitungen auf die Fußball-Weltmeisterschaft 2014 seien Investitionen von ca. 30 Milliarden Euro erforderlich. Dementsprechend bietet der brasilianische Markt ein hohes Potenzial für erfolgreiche Geschäftsanbahnungen, weshalb sich ein näherer Blick auf die Kommunikations- und Verhandlungsmuster des Landes anbietet.

Aufgrund seiner geographischen Lage auf der „anderen" Seite des Atlantiks gilt Brasilien als Tor zum südamerikanischen Kontinent. Brasilianer sind nicht nur rhetorisch sehr bewandert, sie verfügen im oberen Management oft auch über gute Englischkenntnisse. Dies gilt insbesondere auch für internationale Unternehmen in Brasilien. Brasilianer sind fabelhafte Gastgeber und empfangen ihre Gäste auf eine fast familiäre Art und Weise. Sie sind in der Regel optimistisch, lachen gerne und schätzen guten, offenen Humor, „Alegria" – Lebensfreude, spielt eine große Rolle.

Brasilianer sind auch Weltmeister der Improvisation, egal, welches Problem es zu lösen gilt, man findet immer „um jeitinho" (einen Dreh, eine Notlösung). Der persönlichen Beziehung wird ein hoher Stellenwert beigemessen.

Eine gute Erziehung und Bildung sowie der familiäre Hintergrund sind besonders wichtig.

> Legen Sie nicht so viel Wert auf kurzfristige Erfolgsversprechen, wenn Sie eine längerfristige Partnerschaft anstreben. Ausländische Manager, die etwas anderes gewohnt sind und dafür wenig Verständnis zeigen, eher trocken reagieren und bei Verspätungen ungehalten sind, sind als Geschäftspartner eher weniger beliebt.

Generell ist die Kommunikation in Brasilien sehr freundlich. Untereinander sind Diskussionen oft sehr lebhaft. Spontane Ideen und schnelles Denken charakterisieren Ihren Partner. Ein Vertragsentwurf wird oft unter verschiedenen Aspekten gleichzeitig diskutiert und nicht unbedingt methodologisch Punkt für Punkt.

Patriarchalischer Führungsstil

Die Fähigkeit zuzuhören ist bei brasilianischen Verhandlungspartnern eher unausgeglichen. Häufiges Unterbrechen erfolgt nicht aus Unhöflichkeit oder Besserwisserei, dahinter steht eher die Absicht, Ihnen zu zeigen, dass sie Ihren Sachverhalt und Standpunkt verstehen.

Im privaten Sektor sind hierarchische Strukturen vorherrschend. Brasilien wird stark von der oberen Mittelschicht dominiert. Die Machtfülle und Autorität eines Geschäftsführers resultiert aus seiner Position innerhalb der Topdown-Struktur. Die endgültige Entscheidung wird vom Ranghöchsten getroffen.

Zeit ist nicht so wichtig

Brasilianische Führungskräfte sind sehr flexibel und nicht so fixiert auf Tagesordnungen und Terminpläne. In der Regel sind sie gut vorbereitet und geschickte sowie clevere Verhandlungsführer, die ihre Ziele von Anfang an genau kennen. Ihr brasilianischer Partner reagiert und kommuniziert äußerst schnell und wird ein Maximum an Flexibilität aufbringen, um seine Ziele durchzusetzen.

Sie sollten darauf vorbereitet sein, dass Ihr brasilianischer Partner die Verhandlungen zunächst mit hohen Forderungen in Sachen Preis oder anderen Kriterien eröffnet, um hinlänglich Spielraum für Zugeständnisse zu haben.

Verhandlungen und die Kunst des Feilschens werden als soziales Zugeständnis angesehen.

Beste Zeiten für einen Treffpunkt sind zwischen 10 und 12 Uhr und nachmittags zwischen 15 und 17 Uhr. Man sollte Geschäftsreisen während der Karnevalszeit eher vermeiden, es sei denn, man möchte bewusst an dem Ereignis teilhaben. Ansonsten läuft man Gefahr, nur schwer Termine zu bekommen, da brasilianische Manager und Geschäftsleute in diesem Zeitraum weniger verfügbar sind.

Eleganz ist angesagt

Eine elementare Regel lautet: Ihr Verhandlungsstil kann genau und konsistent bleiben, solange das Klima freundlich und einvernehmlich ist. Vergessen Sie nicht, unbeschwert zu wirken und mit Humor zu glänzen, der für den Kommunikationsfluss immer förderlich ist.

Wie auch in einigen anderen südamerikanischen Staaten, arbeitet die Bürokratie in Brasilien eher langsam. Beamte verfügen oftmals über genügenden Einfluss, um Ihre Vorhaben zu beschleunigen, aber auch um bei fehlerhaftem Verhalten und Besserwisserei diese zu blockieren.

Die klimatischen Verhältnisse sind aufgrund der Lage des Landes auf der südlichen Halbkugel umgekehrt zu Europa: Im Zeitraum Juni-August herrscht ein (eher milder) Winter, Dezember bis Februar ist die heiße Sommerzeit. Je weiter nördlich (also näher zum Äquator) man kommt, desto wärmer und feuchter wird es, unabhängig von der Jahreszeit. Trotz oftmals hoher Temperaturen sind brasilianische Geschäftsleute – Frauen wie Männer – jedoch eher konservativ gekleidet. Männliche Führungskräfte tragen für gewöhnlich elegante Anzüge, oft auch in italienischen und hellen Farben. Krawatten sind nicht nur allgemein üblich, sondern oft erforderlich. Maßgeschneiderte Anzüge werden in Brasilien sehr häufig getragen.

Praktische Tipps

- Feilschen gehört zum Alltag in Brasilien. Lassen Sie Spielraum für Konzessionen in Ihrer Kalkulation.
- Während Sie verhandeln, ist es schwierig, konkrete Antworten zu bekommen. „Ja" heißt maximal „Wahrscheinlich", und „Nein" kommt so gut wie gar nicht vor. Drängendes Verhalten wird als aggressiv empfunden. Daher: erst einmal eine gute Beziehung aufbauen, lächeln und sich wirklich für die Person, ihre Einstellungen, Werte und Bedürfnisse interessieren. Das ist nicht schwer, da die meisten Brasilianer sehr offen und herzlich sind.
- In Anbetracht der turbulenten Verkehrssituationen insbesondere in Sao Paulo und Rio de Janeiro, aber auch weil die Brasilianer einfach einen anderen Umgang mit der Zeit haben, sind Verspätungen bis zu einer Stunde keine Seltenheit und werden durchaus toleriert.
- Viele Geschäftsleute sprechen zwar Englisch, dennoch ist es besser, auf Portugiesisch zu verhandeln. Angebote, technische Dokumente und Bedienungsunterlagen sollten generell ins Portugiesische übersetzt werden. Oft treffen Sie auch Geschäftsleute, die beides, Spanisch und Portugiesisch oder auch eine Mischung beider Sprachen („Portunhol" oder umgekehrt vom Spanischen kommend „Espanhês"), sprechen.
- Die Brasilianer sind sehr gastfreundlich. Einladungen führen meistens in Clubs oder Restaurants. Gemeinsames Essen dient der Beziehungspflege, Geschäfte werden meist erst nach dem Kaffee besprochen.
- Brasilianische Unternehmen sind deutlich hierarchisch gegliedert. Die mittlere Managementebene gibt es eher selten. Setzen Sie die Verhandlungen in der Hierarchie möglichst hoch an. Entscheidungsgewalt hat meist nur der Geschäftsführer oder Gesellschafter.
- Visitenkarten sollten möglichst beidseitig, auf Portugiesisch und Englisch bedruckt sein.
- Vieles in Brasilien ist positiv und optimistisch, aber durchweg nicht alles. Es gibt auch (gefährliche) Schattenseiten: Vor allem in Großstädten, insbesondere in Sao Paulo und Rio de Janeiro sind die Kriminalitätsrate und Gewaltbereitschaft aufgrund der großen sozialen Unterschiede hoch.

> Oft hört man von Entführungen auf der Straße, wo die Opfer mit gezogener Waffe dazu gezwungen werden, an Geldautomaten Bargeld abzuheben. Man sollte auf der Straße generell vorsichtig sein, vor allem in der Dunkelheit, und möglichst mit einem lokalen Begleiter, der die Verhältnisse kennt, gemeinsam unterwegs sein. Es gibt in den meisten Städten sogenannte Favelas – Viertel, die aus Wellblechhütten bestehen, welche oftmals ohne Baugenehmigung gebaut worden sind. Dort herrschen insbesondere auch wegen der Drogenkriminalität oft rechtsfreie Verhältnisse. Diese Viertel sind tunlichst zu meiden.

Fazit

Brasilien ist im Vergleich zu anderen Ländern gut aus der Krise herausgekommen. Die Perspektiven sind mittelfristig gut. Trotz infrastruktureller Probleme in den Großstädten (vor allem in Sao Paulo und Rio de Janeiro) und der Kriminalität in den Ballungszentren lohnt sich eine Investition in dem größten Land Südamerikas durchaus. Genießen Sie eine prinzipiell positive Lebenseinstellung, gute Musik, guten Fußball und generell freundliche Menschen. Legen Sie jedoch auch einen gewissen „Common Sense" an den Tag, wenn Sie sich, vor allem abends, durch die Städte bewegen. Dann steht Ihrem Erfolg in Brasilien nichts im Wege.

Indien – Business zwischen Taj Mahal und Bollywood

Sergey Frank

Heute leben ungefähr 1,1 Milliarden Menschen in Indien. Die Hauptstadt Neu Delhi ist mit ca. 11 Millionen Einwohnern die zweitgrößte Stadt des Landes. Die Landessprachen sind Hindi und Englisch.

„How do you like India?"

Die sprachlichen Barrieren in Indien sind relativ niedrig, da sich in der ehemaligen britischen Kronkolonie Englisch als Geschäftssprache größtenteils durchgesetzt hat. Außerdem erhalten viele Geschäftsleute und Manager ihre berufliche Ausbildung in Großbritannien oder den USA, weshalb das Hinzuziehen eines Dolmetschers in der Regel nicht notwendig ist. Dennoch werden Sie während Ihrer Gespräche eine andersartige Kommunikation an Ihrem Gegenüber beobachten. Dies äußert sich z. B. durch das Anheben seiner Stimme. Das ist kein Zeichen von Ärger oder Frustration, es ist vielmehr eine gebräuchliche Form der Kommunikation. Treffen Sie bei Verhandlungen auf erfolgreiche Unternehmer, die ihre eigene Firma repräsentieren und nicht Angestellte eines Konzerns sind, ist dies nichts Ungewöhnliches.

Begriffe wie „Person" und „Unternehmen" sind in Indien äquivalent verwendbar. Partnern, die Eigentümer und Manager zugleich sind, sollten Sie bei gegenwärtigen Verhandlungen ausreichend Aufmerksamkeit schenken. Aus diesem Grund sollten hauptsächlich hochrangige und erfahrene Mitarbeiter mit umfassenden Entscheidungsbefugnissen in Verhandlungen geschickt werden.

Sie werden selten ein direktes Nein von Ihrem Gegenüber hören. Der Kommunikationsstil der Inder ist sowohl im Alltag als auch in Verhandlungen eher indirekt, ausweichende Antworten werden als höflich erachtet. Und wie in den meisten asiatischen Ländern werden Sie auch hier selten eine direktes „Nein" hören. Genauso sollten Sie direkte Ablehnung durch Verneinungen

vermeiden. Wenn Sie beispielsweise eine Einladung ablehnen, geben Sie eine unverbindliche Antwort, wie „Ich werde es versuchen".
Es gibt einiges, was in unserer westlichen Kultur untypisch ist und deshalb eher befremdlich wirken kann. Inder sind, auch im Geschäftsleben, sehr beziehungsorientiert. Die Menschen investieren viel Zeit in Konversationen und das „Kennenlernen". Über Freunde und Familie zu reden ist üblich und ein wichtiger Faktor für eine gute Geschäftsbeziehung. Verhandlungen sind an Personen gebunden, aus diesem Grund wird im Vorfeld versucht, eine gute Beziehung aufzubauen.
Auch endgültige Entscheidungen werden im Einklang mit Familie und sozialer Gruppe gefällt. Die Fähigkeit, Freundschaften zu etablieren, wird teilweise als wichtiger erachtet als Kompetenz und Erfahrungen. Trotzdem wird Universitätsabschlüssen in dieser Kultur eine hohe Bedeutung beigemessen.

> Gute Konversationsthemen sind z. B. indische Traditionen, Familie oder andere Länder. Vorsicht ist bei Themen wie Politik und Religion geboten. Sagen Sie zu derartigen Themen nur etwas, wenn Sie auch wirklich wissen, wovon Sie reden. Tabuthemen sind persönliche Angelegenheiten, Armut in Indien und die beachtliche Höhe der Entwicklungshilfen.

Managementkultur in Indien

Die hierarchische Natur der indischen Gesellschaft fordert, dass der Chef als die höchste Autorität angesehen wird. Der Chef fällt alle Entscheidungen und übernimmt die volle Verantwortung. Angestellte weigern sich oft, Verantwortung zu übernehmen, sondern führen nur das aus, was ihnen aufgetragen wird. Beim Aufbau von Geschäftsbeziehungen sollten Sie daher darauf achten, dass Ihr Gegenüber eine hohe Position wahrnimmt. Nur dann ist er befugt, auch Entscheidungen zu treffen.

Welchen Typus Manager gibt es in Indien?

Indische Kunden erwarten Top-Qualität und Top-Service, und das alles immer so schnell wie möglich. Da ist es erforderlich, Augenmaß zu bewahren und insbesondere auch im Hinblick auf den Wettbewerb mit Argumenten wie „German Engineering" und „Top Quality", aber auch mit kurzfristigen Wartungsintervallen und Verfügbarkeit des Kundendienstes zu arbeiten.

Man sollte außerdem beachten, dass Inder sehr stark beziehungsorientiert sind. Dies gilt sowohl für Gespräche mit Kunden, aber insbesondere auch für Gespräche mit Mitarbeitern. Deswegen ist viel Zeit für das Kennenlernen und für die weitere Kommunikation einzuplanen.

> Im Gegensatz zu Deutschland wird man in Indien nicht direkt kommunizieren, sondern eher indirekt und Dinge umschreiben, anstatt sie beim Namen zu nennen. Dies betrifft auch das Feedback, vor allem wenn es etwas negativer ausfällt: Zum einen werden deutsche Primärtugenden wie z. B. Fleiß, Pünktlichkeit und Zuverlässigkeit sehr hoch geschätzt und Ratschläge von deutscher Seite angenommen. Zum anderen sollte man aber versuchen, die lokalen Mitarbeiter nicht unbedingt direkt zu kritisieren (insbesondere nicht in Gegenwart von Dritten), sondern etwa bei Fehlern auf Prozesse aufmerksam zu machen und auf die Notwendigkeit, diese Prozesse zu verbessern. Es ist in diesem Zusammenhang äußerst wichtig, bei den Indern ein nachhaltiges Prozess- und Prozesskorrekturbewusstsein zu schaffen (Fehlerkultur!).

Dies bedeutet mit anderen Worten, dass nicht eine einzelne Person generell Schuld ist, sondern dass bestimmte Abläufe durch mehrere Personen verbessert werden sollen. Darauf sind Verantwortlichkeiten abzustellen.
Ein zweites Charakteristikum, das in Indien sehr gut ankommt, ist die Reziprozität: „Wie du mir, so ich dir." Auch man selbst sollte an Fehlern gemessen werden und zugeben, dass man selbst auch Fehler macht. Dies schafft großen Respekt.
Angemessener, subtiler Humor ist auch in Indien nicht fehl am Platz. Dazu gehört auch, bestimmte Situationen in diesem unwägbaren Subkontinent lockerer zu nehmen und nicht ständig Kritik zu üben.
Inder sind generell eher weniger risikobereit. Dies hat selbstverständlich Folgen im Management, wo Probleme nicht direkt angesprochen werden. Hier können wir auf das oben Gesagte verweisen (Bewusstmachung von Prozessen, Einführung eines nicht-personenorientierten Fehlermanagements und ein eindeutiges Fehlerbewusstsein ohne Schuldzuweisung).
Es ist ein eher autoritärer Führungsstil, der aber jederzeit freundlich und mit Interesse für die Menschen verbunden ist. Die Führung ist klar definiert. Indische Mitarbeiter erwarten auch von einem westlichen Manager klare Richtlinien.

Gleichzeitig sollte man nicht vergessen: Das Land hat eine Jahrtausende alte Tradition und es ist angebracht und notwendig, sich für dieses Land zu interessieren. In Indien werden neben Hindu viele hunderte Sprachen und Dialekte gesprochen. Lediglich Englisch als ehemalige Kolonialsprache ist das Kommunikationsmittel, das das Land zusammenhält.

Der Manager sollte neben seiner Autorität auf jeden Fall über Fachwissen verfügen, um seine Mitarbeiter im Hinblick auf bestimmte Prozesse zu beraten. Er sollte auf keinen Fall der „beste Spezialist" sein, sondern als Generalist so viel Fachwissen haben, um die richtigen Fragen zu stellen und die notwendigen Spezialisten zusammenzubringen. Wichtig ist es, Meilensteine für indische Mitarbeiter zu setzen und deren Einhaltung freundlich und mit Humor, aber gleichzeitig bestimmt einzufordern.

Local oder Expatriate?

Es bietet sich als bewährte Vorgehensweise generell an, einen einheimischen Manager in der Funktion Vertrieb, Marketing und Öffentlichkeitsarbeit einzusetzen. Er kann als Local gleichzeitig auch die Funktion des Managing Directors einnehmen. Der Vorteil einer derartigen Lösung: Der Local kennt die örtliche Geschäftskultur. Allerdings sollte dies nicht über die Tatsache hinwegtäuschen, dass dieser Mega-Subkontinent nicht eine einzige, sondern vielfältige Kulturen vorzuweisen hat: So unterscheiden sich Nord- und Südindien erheblich, das Gleiche gilt z. B. für die etwas chaotische Mega-Region Kalkutta im Vergleich zu der eher bürokratisierten Hauptstadt Neu-Delhi, wo man das koloniale Erbe Großbritanniens noch spürt.

Um die Integration in den Mutterkonzern oder die Kooperation mit dem Mutterkonzern zu intensivieren, bietet es sich weiterhin an, eine zweite Person, diesmal mit westlichem Hintergrund (nicht unbedingt aus Deutschland), einzusetzen, die dann u. a. für die klassischen Funktionen Human Resources, Finanzen, Controlling und Accounting zuständig ist. Die vornehmliche Aufgabe dieser Person sind die Integration einschließlich Berichtswesen und Reporting sowie generelle Kommunikation mit dem Mutterkonzern.

Image und Prestige

In der Tat ist Indien anders als Deutschland – eine nach außen gezeigte, ostentative Stellung, auch mit Statussymbolen, ist äußerst wichtig. Gleichzeitig sollte man freundlich bleiben und Interesse an den Menschen haben. Dann sind einer westlichen Führungskraft in diesem erfolgversprechenden Subkontinent Tür und Tor geöffnet, um nachhaltig mit Mitarbeitern Erfolg zu haben und auch überdurchschnittliche Renditen zu erzielen.

Bürokratie

Ohne einen guten Draht zu den Behörden ist in Indien kein erfolgreiches Arbeiten möglich. Folglich sollten Sie mit Ihrem Partner vor Ort prüfen, wie Lizenzen, Konzessionen oder Steuerbescheide auszusehen haben. Darüber hinaus ist es wichtig zu wissen, welche Zeitfenster bei der Bereitstellung von rechtlich relevanten Unterlagen zu beachten sind. Verträge sollten über Klauseln verfügen, die die festgelegten Vereinbarungen beinhalten und nur in Kraft treten, wenn alle notwendigen Lizenzen und Genehmigungen vorliegen.

Das Hinzuziehen von lokalen Beratern ist bei Großprojekten von Vorteil, da diese sich mit den landesspezifischen Gegebenheiten auskennen. Die führenden Wirtschaftsprüfungsunternehmen sind in den wichtigsten Industriestandorten angesiedelt und mit diesen Aufgaben vertraut.

Trotz bürokratischer Verzögerungen neigen indische Geschäftsleute dazu, schnell auf neue Ideen und Entwürfe zu reagieren. Sie sind sehr beweglich in ihrer Argumentation und Verhandlungstechnik. Dies und die bürokratischen Hürden tragen dazu bei, dass in Indien verhandeln sehr zeitintensiv ist.

Die Rahmenbedingungen der laufenden Verhandlungen werden durch einen gut ausgearbeiteten und ausgehandelten Vertrag fixiert, in dem sämtliche mündlich getroffenen Vereinbarungen niedergeschrieben sind. Bei der Vertragslegung können Sie auf lokale Ressourcen zurückgreifen. Diese helfen, Vorbehalte vor fremdländischen juristischen und geschäftlichen Hindernissen zu nehmen. Das Mysterium der indischen Verhandlungskonventionen wird aufgrund der lokalen Unterstützung wesentlich transparenter und somit einfacher zu realisieren.

Praktische Tipps für Indien

Gastfreundschaft ist ein wesentliches Merkmal im indischen Geschäftsleben. Viele Verhandlungen beginnen erst, wenn der Tee serviert ist und ein einleitender Small Talk stattgefunden hat. Wenn kleine Erfrischungen angeboten werden, ist es üblich, das erste Angebot abzulehnen, das zweite oder dritte dann jedoch anzunehmen. Gar keine Erfrischung anzunehmen, wird hingegen als Beleidigung aufgefasst.
Gemäß indischer Tradition werden Gäste als eine Art Gott betrachtet und auch so behandelt. Sollte Ihnen also einmal ein Faux Pas unterlaufen, wird man dies nicht zur Sprache bringen und Ihnen auch nicht nachtragen.
Dennoch gibt es einige Regeln, die Sie für den geschäftlichen Erfolg möglichst beachten sollten:

- Bedenken Sie, dass in Indien ein persönlicher und höflicher Umgang zwischen Menschen jeden Alters sehr wichtig ist.
- Versuchen Sie, ein Vertrauensverhältnis zu Ihrem indischen Geschäftspartner aufzubauen.
- Ausländische Gäste werden bei der ersten Begegnung per Handschlag begrüßt, verbreiteter ist jedoch ein freundliches Nicken.
- Wundern Sie sich nicht über das Kopfschütteln Ihres Gesprächspartners während eines Gespräches. Es handelt sich hier nicht um eine Verneinung, sondern damit wird aufmerksames Zuhören ausgedrückt.
- Es wird viel Wert auf Kleidung gelegt. Frauen sollten wenig nackte Haut zeigen. Bei hohen Temperaturen können Männer auf einen Anzug verzichten, sollten sich jedoch trotz der Temperaturen elegant, aber „hitzemäßig angepasst" kleiden. Bitte vergessen Sie auch nicht: Trotz der sehr hohen Temperaturen kann es innerhalb der Gebäude sehr kalt sein, da die Klimaanlagen oft auf sehr niedrige Temperaturen eingestellt sind.
- Die Inder sind sehr gastfreundlich, Einladungen zum Essen gehören zu einer Geschäftsbeziehung dazu. Wegen der unterschiedlichen Glaubensrichtungen gibt es verschiedene Regeln bei der Zubereitung der Speisen und beim gemeinsamen Verzehr.
- Mit vegetarischen Gerichten können Sie nichts falsch machen. Wichtig ist auch die Essensregel „Peel it, boil it or forget it!"

Südafrika – Geschäfte machen am Kap der guten Hoffnung

Sergey Frank

Erst vor einigen Monaten war Südafrika aufgrund der im Sommer 2010 stattgefundenen Fußball-Weltmeisterschaft in aller Munde. Aber auch aus anderen, geschäftlich wichtigen Aspekten sollten wir einen näheren Blick auf dieses Land im Süden des afrikanischen Kontinents richten.

Die südafrikanische (Business-) Gesellschaft

Die politischen und sozialen Veränderungen in Südafrika um den Präsidenten Mandela waren in sozialer, aber auch wirtschaftlicher Hinsicht eingreifend und wichtig. Nach wie vor ist ein Großteil der Geschäftsleute weiß, aber immer häufiger trifft man beim Verhandeln auch auf farbige Manager und Geschäftspartner. Nach dem Ende der Apartheid hat sich Südafrika zu einem äußerst multikulturellen Land entwickelt. Hier leben heute Nachkommen britischer, niederländischer, indischer und malaiischer Einwanderer neben einheimischen Bewohnern der Zulu, Xhosa und anderer schwarzer Stämme. Doch im Gegensatz zu den USA ist Südafrika kein „Melting Pot", in dem verschiedene ethnische Gruppen und kulturelle Identitäten miteinander verschmelzen. Es ist vielmehr eine Gesellschaft, die aus größtenteils voneinander getrennt lebenden ethnischen Gemeinschaften besteht. Südafrika erfährt – wie etwa Russland in den 1990er-Jahren – Entwicklungen wie viele Transformationsländer:

- die Konzentration auf Ballungsgebiete wie Johannesburg und eine erhöhte Kriminalität, wobei wiederum die Großstadt Johannesburg als prägnantes Beispiel zu nennen ist.

- Auf Entscheidungsebene besteht das Land noch immer stark aus einem „Old Boys Network", also einem Netzwerk alter, hochwertiger Kontakte, die meist schon vor längerer Zeit in prominenten Schulen und Universitäten im Inland, aber vor allem auch im angloamerikanischen Raum, geknüpft wurden.

- Das Land ist immer noch recht weit davon entfernt, Frauen für höhere Managementpositionen einzustellen. Im Zuge zunehmender Emanzipation der schwarzafrikanischen Gesellschaft sind es eher die Männer dieser Gruppe, die einflussreiche Rollen übernehmen, als Frauen.

Das erste Treffen

Sowohl im privaten als auch geschäftlichen Umgang wird in Südafrika eine eher formlose, aber auch direkte Kommunikationsform genutzt: angenehm und höflich, aber auch gleichzeitig zielorientiert. Am Anfang überwiegen Small Talk und „Keep smiling" sowie ein trockener, britischer Humor. Südafrikanische Manager benutzen jedoch eine direktere Kommunikation als z. B. Engländer. Sie schätzen einen freien und geradlinigen Austausch von Informationen.

Das erste Treffen mit den ausländischen Verhandlungspartnern dient vor allem dem anfänglichen Kennenlernen und dem Einschätzen, ob Sie eine Person sind, der vertraut werden kann. Solch ein Warm-up kann durchaus in einem Restaurant stattfinden.

Ihr Partner wird verhältnismäßig schnell auf den Punkt kommen und eher wenig Wert auf Status, Titel, Formalitäten und Protokoll legen. Er wird in einer formlosen und direkten Weise mit Ihnen sprechen, Sie beim Vornamen nennen und in seiner Gestik und Körpersprache sehr entspannt sein. Klare Sprache und eine klare Verweisung von Vorstellungen werden hier als Tugend gesehen.

Auch wenn Sie die Verhandlung sehr pragmatisch und zielorientiert angehen, machen sich Südafrikaner nicht so abhängig von Zeitplänen und Tagesordnungen wie Deutsche oder Amerikaner. Unterbrechungen während eines Vortrags, indem sie Fragen stellen, sind nicht zwangsläufig unhöflich. Sie sind Teil der Diskussion, und dies führt nicht, wie z. B. in Asien, zum Gesichtsverlust.

Wie man richtig präsentiert

Falls Sie zur Einführung eine Präsentation benutzen möchten, sollten Sie diese unbedingt kurz und prägnant halten. Im Allgemeinen sind südafrikanische Geschäftsleute weniger durch technisch umfangreiche Präsentationen zu beeindrucken. Bitte vergessen Sie nicht: „KISS – Keep it short and simple". Eine derart konzipierte Präsentation wird die Aufmerksamkeit Ihrer südafrikanischen Partner wecken.

Füllen Sie Ihren Vortrag nicht nur mit allgemeinen Informationen zu Ihrer Firma, sondern gehen Sie vielmehr auf den spezifischen Aspekt Ihres Geschäftemachens in Südafrika ein. Bescheidenheit ist hier angebracht, denn die Alteingesessenen im südafrikanischen Geschäft sind der Ansicht, dass man seine Produkte nicht übermäßig loben sollte. Zeigen Sie lieber die Vorteile Ihres Produktes oder Ihrer Dienstleistung und untermalen Sie diese mit Dokumentation, Zahlen oder Gutachten Dritter. Wenn Sie eine Rede halten, sprechen Sie in einer entspannten Weise und nicht unbedingt vom Blatt ablesend. Vergessen Sie nicht einen guten, subtilen Humor, um die Aufmerksamkeit Ihres Gegenübers auf sich zu lenken.

Verhandeln mit Südafrikanern

Südafrikanische Verhandlungspartner kennen die im internationalen Geschäft üblichen Spielarten des Verhandelns. Rechnen Sie damit, dass ein Eröffnungsangebot auf seine Flexibilität hin geprüft wird. Realistische Angebote mit angemessenen Sicherheitsspannen für den Anfang sind am besten. Ihre Verhandlungspartner sind in der Regel offen und flexibel. Sie sind darüber hinaus kreativ beim Konstruieren und Umsetzen möglicher Lösungen. Es bietet sich an, Informationen auszutauschen, die zum einen nicht vertraulich sind und zum anderen die Möglichkeit bieten, bei einem Brainstorming neue Optionen zu entwickeln. In der Verhandlung erwartet Ihr südafrikanischer Verhandlungspartner jedoch, Zugeständnisse in gleichen Umfang von Ihnen zu erhalten, wie er sie selbst gegeben hat.

Durch ihre starken britischen Wurzeln praktizieren Südafrikaner einen harten, aber angemessenen Wettbewerb. Sie sind keine eiskalten Verhandler, sondern streben eher danach, einen Konsens herzustellen und eine für alle befriedigende Lösung zu finden. Sie verhandeln im Sinne des Fair Play und werden selten über Preise feilschen oder Details zerreden. Zwar neigen südafrikanische Geschäftspartner häufig dazu, die für sie vorteilhafteste Lösung zu wählen, sie werden jedoch auch dafür sorgen, dass Sie nicht als Verlierer dastehen. Es ist beispielsweise möglich, gegenseitige Zugeständnisse in solch einer Weise zu definieren, dass beide Seiten mit dem Verhandlungsresultat zufrieden sind und folglich eine sogenannte Win-win-Situation erreicht ist.

Der Umgang mit Verträgen und Abmachungen

In Südafrika ist der Umgang mit Verträgen nicht so detailorientiert wie in Deutschland oder den USA. Verträge sind eher allgemein gehalten, vielleicht sogar manchmal etwas vage formuliert, um dem südafrikanischen Geschäftspart die Möglichkeit zu geben umzudenken, falls etwas nicht wie gewünscht zustande kommt. Das südafrikanische Rechtssystem ist fair und größtenteils frei von Korruption – allerdings kann mitunter der Eindruck entstehen, dass das örtliche Business in Fällen des Körperschafts- oder Wirtschaftsrechts bevorzugt behandelt wird.

> Abmachungen werden in Südafrika noch oft per Handschlag getroffen. Doch auch hier sollten Sie in Ihrem eigenen Interesse darauf drängen, wichtige Details schriftlich festzuhalten. Und achten Sie auf jeden Fall darauf, auch Ihre eigenen Abmachungen einzuhalten. In einer so kleinen und untereinander bekannten Geschäftsgemeinschaft wie der südafrikanischen spricht es sich schnell herum, wenn eine ausländische Firma einen Vertrag gebrochen hat. Der Ruf des eigenen Unternehmens kann dadurch dauerhaft geschädigt werden. Ein Ultimatum sollte man nur als letzten Ausweg nutzen. Wenn es Ihnen nicht gelingt, eine schnelle und vertrauensvolle Reaktion auf Ihr Angebot zu bekommen, sollten Sie sich zurückziehen – der Deal ist dann vorbei.

Viele mittelständische Unternehmen in Südafrika haben wenig Erfahrung in der Abwicklung internationaler Geschäfte und überschätzen mitunter ihre Fähigkeit, die Erwartungen des ausländischen Geschäftspartners zu erfüllen. Vergewissern Sie sich daher, dass alle Vertragsdetails klar geäußert und niedergeschrieben werden. Listen Sie z. B. genau auf, welche Leistungen und Fristen Sie erwarten und welche Konsequenzen die Nichtbeachtung nach sich zieht. Südafrikanische Geschäftsleute werden von solchen Details mitunter eher gelangweilt sein, also sollten Sie die Initiative ergreifen und sie in Ihrem eigenen Interesse darauf hinweisen.

Hier ist ein guter und konsequenter Projektmanager wichtig: Meilensteine des Projekts sollten gemeinsam definiert werden, auch sollte der anderen Seite bewusst gemacht werden, dass in Prozessstufen gedacht wird, insbesondere auch im Hinblick auf die Vorteile, die beide Partner daraus ziehen. Das Prozessdenken, wie es deutsche Manager gewohnt sind, muss bei südafrikanischen Geschäftsleuten „verinnerlicht" werden. Dies lässt sich am besten mit Höflichkeit und Ausdauer erreichen.

Die privatere Seite

Zu guter Letzt ein Aspekt, den Sie nicht vergessen sollten: Südafrikanische Verhandlungspartner lieben es, Spaß zu haben. Und dieser sollte neben dem Geschäft auch immer Platz finden. Die Lebensweise eines reinen Workaholics wird eher kritisch gesehen. In Südafrika besteht eher die Vorstellung, beruflich erfolgreich zu sein, dabei aber gleichzeitig sein privates Leben und die Freizeit zu genießen.

Fallbeispiel
Beispielsweise wird man vom Geschäftspartner häufig zum „braai", einem südafrikanischen Barbecue, eingeladen. Diese Einladung sollte man auf jeden Fall annehmen. Sie ist eine gute Gelegenheit, den südafrikanischen Geschäftspartner näher kennenzulernen und auch ungewöhnlichere Speisen zu probieren. Beispielsweise werden in Südafrika Fleischsorten wie Strauß, Nilpferd, Giraffe, Ziege, Krokodil und Warzenschwein neben traditionelleren Sorten wie Lamm oder Rind angeboten. Nur sehr wenige Südafrikaner sind Vegetarier. Diese Ernährungsart ist dort weniger verbreitet.

Fazit

Südafrika ist ein Land im Umbruch und sieht sich einer dynamischen Entwicklung, mit allen Vor- aber auch Nachteilen, ausgesetzt. Es ist auch heute angebracht, in Südafrika Geschäfte zu machen, aber möglichst unter Beachtung des oben Erwähnten. Deutsche Tugenden gepaart mit dem richtigen Vorverständnis, je nachdem, mit wem man dort zu tun hat, leichter britischer Humor und auch ein guter Sinn und Sympathie für ein äußerst schönes Land und seine fantastischen Freizeitmöglichkeiten sind Eigenschaften, die von Südafrikanern sehr geschätzt werden. Dann kann man dort erfolgreich Projekte durchführen und gleichzeitig auch den hohen Freizeitwert genießen.

Thailand – Geschäftemachen im Paradies

Sergey Frank

Thailand – da denkt man an wunderschöne Strände, gutes Essen und zuvorkommende Menschen. Man sollte sich das Land mit allen, auch gegenwärtigen Implikationen jedoch etwas näher anschauen: Drei Themen sind prägend für die thailändische Kultur: Monarchie, Buddhismus und Reis. Das politische System ist gegenwärtig jedoch etwas unklar. Davon zeugen nicht nur die jüngsten politischen und sozialen Unruhen, vor allem in Bangkok, sondern auch die Tatsache, dass solche in mittelfristigen Abständen immer wieder im Land auftreten. Trotzdem bleibt Thailand ein nach wie vor interessantes Land, nicht nur für Touristen, sondern auch für geschäftliche Anlässe.

Schaut man sich die Geschichte Thailands an, zieht sich der Reisanbau wie ein roter Faden durch die Historie und das Leben des Landes. Er generiert die soziale Struktur durch den „Gruppen-Anbau", auf der Grundlage einer lockeren und gemeinschaftlichen Dorforganisation. Thais tolerieren Individualismus und sträuben sich gegen zu starke Reglementierungen. Auch haben Thais sehr konkrete Vorstellungen von Familie, Freundschaft und Vergnügen. Die Familien sind häufig Großfamilien mit sehr engen Banden zwischen den Generationen. Richtige Freundschaften zwischen Thais sind extrem eng und werden am besten durch den Ausdruck „tong chuai phuan" („Man muss seinen Freunden helfen") beschrieben. Daraus lässt sich schließen, dass der Aufbau eines Netzwerkes in Thailand langfristig zu besseren Geschäften führt und den Geschäftserfolg erhöht.

Verhandeln in Thailand

Hier bestehen einige Eigenheiten, die sich durchaus substanziell auf den geschäftlichen Erfolg auswirken können. Deshalb sollte man folgende Erwägungen beachten:

Die Vorbereitung ist wichtig

Thailand ist anders als viele andere Länder, aber auch anders als seine unmittelbaren Nachbarstaaten. Vielleicht liegt dies darin begründet, dass es in seiner Geschichte nie von westlichen Staaten beeinflusst oder besetzt worden war. Informieren Sie sich daher im Voraus über die kulturellen Charakteristika der Thais, beispielsweise bei der deutschen Handelskammer in Bangkok. Auch Ihre thailändischen Geschäftspartner werden häufig gut vorbereitet sein und Ihre geschäftlichen Aktivitäten im Vorfeld geprüft haben.

Versuchen Sie vor jeder Verhandlung, Status und Herkunft der thailändischen Verhandlungspartner herauszufinden. Doch auch die Reihenfolge, in der eine thailändische Delegation den Verhandlungsraum betritt, kann etwas über den Stand der Beteiligten aussagen. Unter Thais ist es üblich, dass Leute mit niedrigerem Status zuerst vorgestellt werden, der Vizepräsident vor dem Präsidenten, Kinder vor der Gattin.

Sprechen Sie in Ihrer Vorbereitung auch die spezielle Verhandlungskommunikation Ihrer lokalen Beteiligten auf der anderen Seite an und beachten Sie immer den Gruppen- und Hierarchiecharakter der Thais: Beziehen Sie alle Beteiligten der Gegenseite in die Gespräche mit ein und behandeln Sie diese mit Respekt, Höflichkeit und Verbindlichkeit. Dem Anführer der Gegenseite gebührt zusätzliche Aufmerksamkeit.

Üben Sie mit dem von Ihnen ausgewählten Verhandlungsteam, sich in Thailand eher hierarchisch als zu demokratisch, oder, wie mit einer neuen Managementterminologie ausgedrückt, zu „matrixmäßig" zu verhalten. Wählen Sie am besten einen Teamführer und vermeiden Sie die westliche Art, Entscheidungen zu offenkundig per Mehrheitsfindung zu treffen. Dem thailändischen Geschäftspartner gegenüber ist es wichtig, dass Sie und Ihr Team mit einer Stimme sprechen. Meinungsverschiedenheiten werden nicht nur als persönliche Schwäche wahrgenommen, sondern ermöglichen es den Thais auch, im Laufe der Verhandlungen daraus Kapital zu schlagen. Notwendige Abstimmungen sollten intern erfolgen.

Kommunikation

Thais streben im Allgemeinen nach Harmonie, Konflikte werden nicht offen ausgetragen. Diese speziellen Aspekte der Kommunikation beeinflussen auch die Verhandlung. Beschrieben als die Tugend „namchai", spielt die positive persönliche Beziehung zu dem Geschäftspartner eine wichtige Rolle. So kann es sein, dass bestimmte Ziele in einer Verhandlung vor allem über diese positive persönliche Beziehung erreicht werden.

Es empfiehlt sich daher, die Verhandlung zunächst neutral zu beginnen, um ein positives Klima und Vertrauen zu schaffen, auf dem später aufgebaut werden kann. Treten Sie wie in allen Ländern in Ostasien weder zu schulmeisterlich oder zu sehr von sich selbst überzeugt auf. Vermeiden Sie es, westliche Maßstäbe setzen zu wollen.

Thais gebrauchen ähnlich den Japanern eine höfliche und indirekte Kommunikationsform: Eine direkte Negation, ein klares Nein, hört man eher selten. Ablehnung wird vor allem auch aus Gesichtsgründen, einem wesentlichen Faktor der thailändischen Kommunikationskultur, stärker umschrieben als direkt ausgesprochen.

Um erfolgreiche Geschäfte in Thailand zu tätigen, ist es auch wichtig, dass Sie Geduld mitbringen. Verhandlungen brauchen länger, da zunächst die persönliche Beziehung und das Vertrauen aufzubauen sind. Hier gilt eben nicht der amerikanische Grundsatz „Time is of the essence" – „Zeit ist ein wesentlicher Faktor", sondern es ist vielmehr die persönliche Beziehung, die zählt. Demzufolge ist es nicht empfehlenswert, die Gespräche zu zielorientiert zu führen. Man sollte es auch vermeiden, die andere Seite stark unter Zeitdruck zu setzen. In Thailand laufen die Uhren langsamer, dies gilt eben auch bei der Anbahnung von Geschäftskontakten.

Signalisieren Sie Ihrem thailändischen Geschäftspartner vielmehr Interesse an einer langfristigen Beziehung. Es ist wichtig, bei Verhandlungen zuzuhören und Fragen gewissenhaft zu beantworten, auch wenn sich verschiedene Fragen ähneln sollten. Ein erfolgreiches Verhandeln in Thailand erfordert viel Anpassung, Kontinuität und Geduld. Es ist empfehlenswert, genügend Zeitreserven einzuplanen. Denn erste Geschäftsgespräche führen eher selten zu Entscheidungen oder Zusagen von Seiten der Thais.

Nachdem die persönliche Beziehung aufgebaut wurde und dies auch gebührend Zeit gekostet hat, geht es zu den eigentlichen Herzstücken des Geschäfts: Präsentation und Verhandlung. Die Präsentation sollte nicht zu lang sein. Das amerikanische Prinzip „KISS – Keep it short and simple" ist hier im Gegensatz zur Anbahnungsphase sehr gut anwendbar. Diskussionen enden meist in Geselligkeiten, denn Thais sind der Meinung, dass „Sanuk" – Vergnügen – die Arbeit erleichtert.

Bleiben Sie in Ihrer Präsentation stringent und geben Sie am Anfang einen Überblick über das, was Sie präsentieren wollen. Gehen Sie auch auf die Vorzüge Ihrer Firma oder Produkte und Dienstleistungen ein, denn Tradition und unternehmerischer Stolz werden auch in Thailand anerkannt. Vermeiden Sie aber Übertreibungen. Wenn Sie Ihre Präsentation auf Englisch halten, Ihre thailändischen Geschäftspartner aber nur wenig Englisch verstehen, sollten Sie zumindest die Dokumentation zur Präsentation auf Thailändisch verfassen. Das werden Ihre thailändischen Partner zu schätzen wissen, genauso wie den Gebrauch einiger Wörter in der Landessprache, wie etwa „Guten Morgen", „Guten Abend", „danke" und „bitte". Dies zeigt Ihrem Gegenüber mit wenig Aufwand, dass Sie sich für das Land, seine Sprache und Kultur interessieren und Respekt aufbieten.

Sie werden beim Verhandeln einiges an Zeit und vor allem an Energie und guten Nerven brauchen. Das Feilschen gehört zur thailändischen Verhandlungskultur, und das nicht nur auf dem Basar, sondern auch am Verhandlungstisch, und macht thailändischen Geschäftspartnern offensichtlich auch Spaß. Hier spielt auch der Gesichtsfaktor beim Geben und Nehmen eine wesentliche Rolle.

So wird der lokale Verhandlungspartner immer sein Gesicht wahren wollen. Das Ansehen des Einzelnen gegenüber dem Partner, der Gruppe und in der Gesellschaft ist sehr wichtig. Sie sollten ihm daher etwas zugestehen, womit er sich positionieren und mögliche Konzessionen auf anderen Gebieten bewusst in Kauf nehmen kann.

Die Rolle des Dolmetschers

Thailand war nie eine europäische Kolonie. Somit kann es durchaus sein, dass diejenigen Thais, mit denen Sie Geschäfte machen wollen, nicht oder nicht gut genug Englisch sprechen. Es ist demzufolge entscheidend, auf dieses potenzielle Kommunikationshindernis vorbereitet zu sein. Ein zweisprachiges Teammitglied ist unabdingbar bei Verhandlungen mit Thais. Dies kann entweder ein Dolmetscher oder ein Mitglied des eigenen Verhandlungsteams sein.

Um die Gefahr von Missverständnissen mit thailändischen Geschäftspartnern bei Hinzuziehen eines Dolmetschers zu reduzieren, ist es wichtig, Folgendes zu beachten:

- Schlüsselbegriffe, die innerhalb der Verhandlungen eine bedeutende Rolle spielen, sollten im Vorfeld exakt definiert und mit dem Dolmetscher sowie der anderen Partei abgestimmt werden. Dies schließt insbesondere – aber nicht nur – Begriffe ein, die mit Gewinnen (vor/nach Steuern), Lizenzen, Niederlassungen oder Tochtergesellschaften zu tun haben.

- Außerdem tragen genau definierte Begriffe zum besseren gegenseitigen Verständnis und ggf. zur Entlastung des Dolmetschers bei. Beide Seiten wissen dann, wovon sie reden, und können sich auch dem Dolmetscher verständlich machen, ohne befürchten zu müssen, dass ihr Anliegen den Adressaten in einem nicht intendierten Wortlaut erreicht.
- Daher ist es den Aufwand, im Vorfeld so genau wie möglich zu arbeiten, sehr wohl wert, wenn dadurch spätere Diskussionen oder Missverständnisse erspart bleiben. Die Transparenz des Diskutierten bleibt somit gewahrt.

Politische Beratung

Wie in vielen, ähnlich strukturierten Ländern ist es auch in Thailand empfehlenswert, sich bei seinen Geschäften politisch beraten zu lassen. Wenn man in Thailand Geschäfte tätigt – sowohl in Bangkok, aber vor allem auch in den Regionen –, ist es wichtig, Einblick zu haben in die Strukturen und Denkprozesse der Behörden, insbesondere wenn es darum geht, Lizenzen und andere Genehmigungen zu bekommen. Derjenige lokale Berater ist richtig, der keine Schmiergeldzahlungen benötigt, um den politischen und administrativen Entscheidern deutlich zu machen, dass der Erfolg Ihres Projekts im langfristigen Interesse der Bevölkerung des Verwaltungsgebietes liegt, weil es um Arbeitsplätze, die Beseitigung von Versorgungsengpässen oder solide Steuerzahlungen geht. Ihr Berater sollte dabei auch über ein qualifiziertes Netzwerk und ernstzunehmende Verbindungen verfügen, um im Ernstfall uneinsichtige Stellen nachhaltig zu beeindrucken. Dann kann er Ihnen viel Zeit und Frustrationen ersparen. Daher sollten Sie genügend Zeit darauf verwenden, Ihren lokalen Verbindungsmann auszuwählen. Ideal sind solche Personen, die ähnliche Projekte als Referenzen angeben können.

Praktische Tipps für Thailand

- Vermeiden Sie übertrieben lange Besprechungen. Unterbrechen Sie langwierige Diskussionen.
- Kalkulieren Sie ein hohes Maß an Feilschen ein. Dies gehört zur thailändischen Verhandlungskultur. Wird dieses im Anfangsgebot berücksichtigt, fällt es zu einem späteren Zeitpunkt leichter, Zugeständnisse zu machen.
- Erwarten Sie keine endgültigen Entscheidungen beim ersten Treffen. Thailändische Partner werden ihre internen Entscheidungen durch Übereinstimmung treffen. Bedenken Sie dabei auch, dass der Zeitfaktor hier eine bedeutend geringere Rolle spielt als in Westeuropa oder den USA.
- Wenn die Verhandlungen über das anfängliche und in deutschen Augen oft auch zeitaufwendige Stadium des Kennenlernens hinausgehen, empfiehlt es sich, für die kommenden Besprechungen eine Tagesordnung, idealerweise gemeinsam mit dem thailändischen Partner aufzustellen, ohne dabei den Eindruck entstehen zu lassen, man wolle den Verhandlungsablauf zu sehr diktieren. Dies stellt sicher, dass die örtlichen Partner Gelegenheit haben, neue Aspekte oder Angebote schon einmal intern zu diskutieren. Seien Sie sich über den Gruppenansatz, der in Thailand vorherrscht, bewusst. Deswegen sollten Sie nicht nur den offensichtlichen Entscheidungsträger ansprechen, sondern bemüht sein, die ganze Gruppe mit einzubeziehen.
- Und denken Sie daran: Wenn Sie mit Thais verhandeln, sollten Sie ruhig bleiben. Ein solches Verhalten erntet ihren Respekt. Oft werden Sie nicht mit Angestellten eines riesigen Konzerns verhandeln, sondern mit ziemlich erfolgreichen Gründern, die ihre eigene Firma oder Firmengruppe leiten. Häufig trifft man auch Familienunternehmen an. Aus diesem Grund sind die Wörter „Person" und „Firma" häufig austauschbar.
- Viele erfolgreiche thailändische Geschäftsleute haben nicht nur individuelle Geschäftsinteressen, sondern sind unternehmerisch tätig mit diversen Geschäftskonglomeraten, die dann häufig im Management von Familienmitgliedern betrieben werden. Daraus folgt, dass ihre Vorgehensweise zu einem Einzelprojekt nicht allzu spezifisch und detailliert ist, sondern eher vage, quasi wie ein Gesamtüberblick aus der Vogelperspektive. Im Zwei-

fel werden Sie dann für Detailverhandlungen mit einer anderen Person, häufig auch einem Mitglied der Großfamilie, kommunizieren und in die Einzelheiten gehen.

- Beachten Sie bitte, dass in Thailand ein persönlicher und höflicher Umgang zwischen Menschen jedes Alters sehr wichtig ist und dass in Großfamilien häufig mehrere Generationen zusammenleben.
- Eine geschäftlich relevante und sehr erfolgreiche Minderheit in Thailand sind Inder, die nach der Teilung Indiens in den späten 1940-Jahren aus Indien und dem neu geschaffenen Pakistan in der ersten Generation nach Thailand ausgewandert sind. Der Großvater hat dann das Geschäft eröffnet, jetzt managt es der Vater oder bereits der Enkel. Vielfach führen sie Maßschneidereien oder sind mit größeren Aktivitäten im Tourismus tätig.
- Gastfreundschaft ist ein wesentliches Merkmal im thailändischen Geschäftsleben. Viele Verhandlungen beginnen erst, wenn der Tee serviert ist und ein einleitender Small Talk stattgefunden hat. Einladungen zum Essen gehören zu einer guten Geschäftsbeziehung in Thailand dazu.

Fazit

Es bestehen nach wie vor politische Unruhen, die hin und wieder im Land und insbesondere in der Hauptstadt Bangkok auftreten. Aber trotzdem lohnt es sich, dieses Land sowohl geschäftlich als auch privat zu besuchen, denn hier treffen Sie nicht nur auf wunderschöne Sehenswürdigkeiten und eine von westlichen Einflüssen fast unberührte Kultur, sondern auch auf gutes und vor allem attraktiv zubereitetes Essen, elegante Hotels und Ressorts, eine ausgezeichnete Dienstleistungsmentalität in Hotels und Restaurants, preislich äußerst attraktive und häufig qualitativ gute Schneidereien und pulsierendes Geschäftsleben, wie z. B. in der Sukhumvit Road in Bangkok. Und zu guter Letzt sind es vor allem auch die äußerst zuvorkommenden und interessierten Menschen, die für sich und das Land sprechen.

Türkei – Erfolg am Bosporus

Sergey Frank

Bereits auf dem ersten Blick haben Deutschland und die Türkei einiges gemeinsam: Über eine Million Menschen türkischer Abstammung leben in der Bundesrepublik – ähnlich viele Deutsche reisen jährlich in das Land am Bosporus. Deutschland ist zudem einer der wichtigsten Handelspartner der Türkei. Im Jahr 2008 hatte die Bundesrepublik einen Anteil von ca. 9 Prozent an den türkischen Einfuhren und von ca. 10 Prozent an den Ausfuhren. Deutsche Unternehmen sind in der Türkei zudem mit sehr vielen Joint Ventures stark vertreten.

Die meisten Geschäfte werden in Istanbul abgeschlossen, der alles beherrschenden Geschäftsmetropole. Ankara, die Hauptstadt der Türkei, spielt zumeist dann eine Rolle, wenn Behörden und Ministerien eingebunden sind.

Door Openers

Türken sind offen und gastfreundlich. Um Geschäfte anbahnen zu können, muss man aber die richtigen Leute kennen.

> **Fallbeispiel**
> „Leichter gesagt als getan", berichtet der europäische Vertriebsleiter eines deutschen Kfz-Zulieferers. „Der einzige Weg, der sich uns bot, waren Handels- und Industriemessen. Hier kamen wir – wenn auch langsam – mit verschiedenen potenziellen Partnern in Kontakt."

In der Tat sind Messen ein moderner „Wirtschaftsbasar", auf dem Importeure, Eigenhändler, Handelsvertreter und potenzielle Kooperationspartner nicht nur Produkte und Dienstleistungen anbieten, sondern vornehmlich Kontakte aufbauen. Nutzen Sie also diese Möglichkeit der Geschäftsanbahnung – sowohl in der Türkei als auch bereits in Deutschland.

Eine weitere Möglichkeit ist die Teilnahme an offiziellen Handelsdelegationen, die in regelmäßigen Abständen von der Bundesregierung oder von internationalen Handelskammern organisiert werden.

Wenn Sie Kontakt zu potenziellen Geschäftspartnern aufbauen konnten, lohnt sich für den konkreten Einstieg in den türkischen Markt die Hilfe eines örtlichen Verbindungsmannes, da sich dieser besser mit den örtlichen und kulturellen Belangen auskennt. Ansonsten kann Ihnen auch die Deutsch-Türkische Handelskammer Auskunft geben und Sie in Ihrem Geschäft unterstützen.

Doing Business in der Türkei

Die Türkei ist anders als viele ihrer Nachbarstaaten. Vielleicht liegt der Grund auch darin, dass das Land eine äußerst individuelle Geschichte hatte. Sprache und Kultur unterscheiden sich wesentlich von denen der angrenzenden Staaten. Es bietet sich daher an, sich im Voraus über die kulturellen Eigenheiten des Landes zu informieren. Um gut vorbereitet zu sein, sollten Sie außerdem versuchen, die geschäftlichen Aktivitäten Ihres türkischen Geschäftspartners im Vorfeld zu prüfen, denn auch er wird gut vorbereitet sein.

Wie in zahlreichen anderen, vor allem (vorder-)asiatischen Ländern sind auch in der Türkei viele Unternehmen Familienunternehmen. Es kann also sein, dass Sie während Ihrer Verhandlungen in dem Land nicht mit Angestellten eines Konzerns, sondern mit einem, aber oft auch mehreren Mitgliedern der Gründerfamilie zu tun haben.

„Seien Sie freundlich und offen!"

In der Türkei ist ein persönlicher und höflicher Umgang zwischen Menschen jedes Alters wichtig.

Fallbeispiel
„Es macht kaum einen Unterschied, ob Sie mit einem türkischen Manager Essen gehen, im Dampfbad oder im Konferenzraum sitzen. Der Ton ist immer freundlich und herzlich – was nicht heißt, dass in der Sache nicht hart gefeilscht wird", berichtet der Geschäftsführer eines Schweizer Pharmaunternehmens.

Auch geschäftliche Verhandlungen sind kaum denkbar ohne einen ausgiebigen Small Talk, ein Glas Tee oder eine Einladung nach Hause oder ins Restaurant.

Geht es dann in die konkreten Verhandlungen, wird schnell klar: Im Gegensatz zur amerikanischen und deutschen Art, Verhandlungen im Detail anzufangen, neigen türkische Manager dazu, über alle Punkte gleichzeitig zu sprechen. Dann ist es wichtig, sich auf die essenziellen Punkte zu konzentrieren und sich nicht in Details zu verlieren.

Sie werden außerdem feststellen, dass die Uhren in der Türkei des Öfteren langsamer als in Deutschland gehen. Das gilt für Besprechungen wie für Entscheidungen. Sie sollten nicht versuchen, den Lauf der Dinge zu beschleunigen oder Zeitdruck auszuüben. Das Verhandeln ist eine soziale Angelegenheit und gibt dem türkischen Partner auch die Möglichkeit, sich darzustellen und zu beweisen. Er wird zumeist lautstark, mienen- und gestenreich kommunizieren. Daher sollten Sie ihn möglichst nur bei essenziellen Verständnisfragen unterbrechen. Umstrittene Punkte lassen sich auch nach der Präsentation diskutieren.

Eleganter Bauchtanz anstelle von forscher Marschmusik

In den Verhandlungen macht der Ton die Musik. Vermeiden Sie daher apodiktische und strikt ablehnende Äußerungen. Denn: Türkische Partner trennen manchmal zu wenig zwischen Privatem und Geschäftlichem, Sachfragen und Persönlichem. Um diesem Aspekt Rechnung zu tragen, zahlt es sich aus, ganz bewusst eine Trennlinie zwischen der sachlichen Verhandlungsmaterie und der persönlichen Beziehung zu ziehen und diese klar zu kommunizieren. In der Sache kann man hart und ausdauernd verhandeln, sofern man gleichzeitig sicherstellt, dass das Klima angenehm und freundschaftlich bleibt und dass Sie die professionelle Leistung der Gegenseite am Verhandlungstisch anerkennen. Diese Art der Kommunikation erfordert natürlich viel Fingerspitzengefühl und Diplomatie.

Fallbeispiel
„Man wusste eigentlich nie, wo die persönliche Beziehung aufhört und das Geschäftliche anfängt. Das erfordert ein Höchstmaß an Konzentration während der gesamten Verhandlungen. Andererseits hatte ich am Ende das Gefühl, nicht nur einen Geschäfts-, sondern auch einen Freundschaftsvertrag geschlossen zu haben", fasst der deutsche Vertriebsleiter zusammen.

Das Feilschen gehört nicht nur auf den Basar, sondern hat auch seine angestammte Relevanz am Verhandlungstisch. Bitte planen Sie dies bereits in Ihre Vorbereitungen mit ein, damit es dann in der eigentlichen Verhandlung nicht zu unerwarteten Überraschungen kommt.

Die Heldinnen Atatürks

Das Management in der Türkei ist modern. Nach den Reformen des Republikgründers Atatürk stiegen viele weibliche Manager in der Wirtschaft in führende Positionen auf. Kopftücher sind vor allem in den Großstädten nicht allgegenwärtig. Zudem legen Türken sehr viel Wert auf eine gute Bildung und Ausbildung Ihrer Kinder – der Jungen ebenso wie der Mädchen. Denn sie wissen, dass dies als gute Basis für beruflichen Erfolg gilt. „Im Konkurrenzkampf werden die besten befördert, nicht nur die besten Männer", sagt eine türkische Managerin, die es bis zur Generaldirektorin eines großen industriellen Konzerns in der Türkei geschafft hat.

Praktische Tipps für die Türkei

- Zeigen Sie sich flexibel bei Verzögerungen oder unerwarteten Umständen.
- Planen Sie keine Geschäfte für die Monate Juni bis August, da die meisten türkischen Geschäftsleute dann ihren Jahresurlaub verbringen.
- Gestalten Sie die Verhandlungsvollmachten flexibel, um bei geänderten Rahmenbedingungen vor Ort genügend Optionen zu haben. Dies gilt insbesondere auch für den Umgang mit Behörden, die häufig für Lizenzen und Genehmigungen eingeschaltet werden. Hier ist eine angemessene Politikberatung, insbesondere bei der Frage, welche Behörden mit einbezogen werden sollen, angebracht.
- Argumentieren Sie vom Allgemeinen zum Besonderen, dadurch entsteht eine positive Grundstimmung. Umreißen Sie zunächst das generelle Verhandlungsziel.
- Definieren Sie dann allgemeine und zustimmungsfähige Aussagen. Liefern Sie erst danach ein konkretes Angebot bzw. Gegenangebot.

- Begegnen Sie den Vorbehalten Ihres türkischen Verhandlungspartners konkret, d. h. mit marktkonformen Beispielen und offenen Fragen, überrumpeln Sie ihn dabei aber nicht.
- Versuchen Sie, die sachliche von der persönlichen Ebene zu trennen, und machen Sie diese Trennung deutlich.

Fazit

Die Türkei hat nicht nur zu Zeiten Atatürks, sondern auch in den letzten Jahrzehnten einen gewaltigen Sprung nach vorne gemacht. Das Geschäftemachen dort ist angenehm, wenn man bestimmte Aspekte wie die persönliche Beziehung, das Interesse am Feilschen und ein oft länger dauerndes Verfahren mit berücksichtigt. Deutsche Geschäftsleute sind hoch angesehen. Wenn Sie obige Gesichtspunkte, gepaart mit deutschen Primärtugenden beachten und auch das Land und die Kultur, einschließlich einer hervorragenden Küche, genießen, werden Sie als Verhandlungspartner geschätzt. Dann sind die Chancen auf einen Geschäftserfolg in einem Land, wo Fortschritt und Spaß am Leben durchaus vereinbar sind, relativ wahrscheinlich.

Vereinigte Arabische Emirate – Geschenke, Gastfreundschaft, Geschäfte

Sergey Frank

Die Vereinigten Arabischen Emirate, auch VAE genannt, werden als Partnerland für europäische und insbesondere deutsche Unternehmen immer wichtiger. Wer in der kleinen, aber wohlhabenden Konföderation Geschäfte abschließen will, sollte sich vorher über Kultur und Menschen informieren. Die Vereinigten Arabischen Emirate sind offen für ausländische Unternehmen und bieten zahlreiche westliche Anreize, um dort Geschäfte zu machen. Weitere Einzelheiten und wichtige Informationen dazu erhalten Sie zum Beispiel bei den Auslandshandelskammern in Dubai und Abu Dhabi.
Die Vereinigten Arabischen Emirate gehören zu den am schnellsten wachsenden Ländern der Welt – inzwischen leben knapp 5 Millionen Menschen in dem Land. Die Mehrheit der Bevölkerung wohnt in den beiden engen Küstenstreifen, außerdem gibt es zwei besiedelte inländische Oasen. Sieben Emirate mit jeweils eigenem Staatsoberhaupt bilden den Staatenbund: Abu Dhabi, Dubai, Sharjah, Ajman, Umm Al-Qaiwain, Ras Al-Khaimah und Fujairah. Arabisch ist die offizielle Landessprache, die Geschäftssprache Englisch wird jedoch auch vielerorts gesprochen. 97 Prozent der Araber sind Muslime, die restlichen 3 Prozent gehören der christlichen, hinduistischen oder anderen Religionen an.

Kulturelle Besonderheiten

Wer als Europäer die Kultur der Emirate verstehen will, sollte die islamischen Bräuche und Wertvorstellungen gut kennen. Grundsätzlich gilt: Wer seinen Geschäftspartnern mit Achtung entgegentritt und die wichtigsten Bräuche kennt, wird in arabischen Häusern herzlich aufgenommen. Ein wichtiger Punkt: Im Westen kommt dem Individuum eine besondere Bedeutung zu, bei den arabischen Geschäftspartnern dagegen zählt vor allem der Familienzusammenhalt. Der Geschäftspartner wird offen und frei von seiner Familie und deren Angehörigen erzählen – und von Ihnen erwarten, dass Sie sich nach seiner Familie erkundigen. Außerdem zählt es zur guten Sitte, bei Besuchen allen Familienmitgliedern etwas mitzubringen. Die Regeln für jede erste Begegnung sind einfach: Männer werden per Handschlag und Frauen mit einem Kopfnicken begrüßt. Die Standardbegrüßung ist „As-salam alaikum" – „Friede sei mit dir." Die Replik heißt „Wa alaikum as-salam" – „Und auch mit dir sei Friede." Prinzipiell bietet es sich an, ein paar Worte Arabisch zu lernen, um in den Vereinigten Arabischen Emiraten Kontakte aufzubauen. Dies zeigt auch ein Interesse an dem Land. Obwohl die Vereinigten Arabischen Emirate offener sind als zum Beispiel Saudi-Arabien, sollte man die überragende Rolle des Islam nicht unterschätzen. Dies bedeutet konkret: kein Alkohol, wenn die Gegenseite ihn nicht auch trinkt, keinen zu persönlichen Umgang mit Frauen pflegen und niemals die islamische Lehre in Frage stellen. Der Kleidungsstil ist konservativ, Anzug und Krawatte gehören dazu. Frauen sollten ein Kostüm mit langem Rock oder einen Hosenanzug anziehen. Ausländerinnen dürfen zwar ohne Schleier auf die Straße gehen, allerdings sollten sie immer dezent gekleidet sein.

Zu Geschäftsessen werden westliche Geschäftspartner in Restaurants, aber auch nach Hause eingeladen. Generell zeichnen sich arabische Geschäftspartner durch eine überragende Gastfreundschaft aus. Sie leben in der Tradition des „Hauses der offenen Tür": Wenn sie einladen, ist jeder willkommen. Gäste werden verwöhnt, vor allem beim Essen kommt das zum Ausdruck: Die besten Speisen kommen auf den Tisch, wenn Besuch im Haus ist. Während des Essens wird nicht viel gesprochen - eine willkommene Pause, da Araber sonst eher redselig sind.

Auch bei einem solchen Zusammentreffen spielen die religiösen Vorschriften eine große Rolle: Essen und trinken etwa darf man nur mit der rechten Hand, da die linke als unrein gilt. Die Füße müssen auf dem Boden bleiben, die Beine werden nicht gekreuzt. Während des Ramadans darf auf öffentlichen Plätzen weder gegessen noch geraucht werden. Auch Getränke, und sei es nur Wasser, sind dann in der Öffentlichkeit tabu.

Geschäfte machen in den Vereinigten Arabischen Emiraten

Zwar haben viele arabische Geschäftsleute eine Ausbildung – meist ein Studium – in Großbritannien, den Vereinigten Staaten oder auch in Kanada genossen und sprechen gut Englisch. Kulturelle Besonderheiten sollten jedoch auch während der Verhandlungen beachtet werden.

Grundsätzlich gilt die Devise: Wer sich möglichst gut auf die Kultur einlässt, wird erfolgreich sein. Das heißt auch, in allen Situationen flexibel und entspannt zu bleiben – was nicht einfach ist, wenn man das Gefühl hat, dass die Verhandlungen völlig chaotisch verlaufen. Gleichzeitig ist es wichtig, selbst zuverlässig und professionell zu agieren sowie mit Logik zu überzeugen, um ein geschätzter Verhandlungspartner zu werden. Gefälligkeiten sollten angenommen werden, allerdings verlangen die Araber diese im Gegenzug natürlich auch.

Nicht zu unterschätzen sind die Mentalitätsunterschiede zwischen Westeuropa und dem Mittleren Osten: So ist Planung, im Gegensatz zur deutschen Mentalität, nicht das Wichtigste in den Vereinigten Arabischen Emiraten, weshalb es sich auch anbietet, nicht nur Termine einzuplanen, sondern häufig auch Geschäftspartner ad hoc zu besuchen.

Darüber hinaus sind Europäer fast uneingeschränkt offen für Neuerungen, arabische Geschäftspartner hingegen versuchen, ihre traditionellen und religiösen Werte mit neuen Produkten und Ideen in Einklang zu bringen. Sie sind also grundsätzlich kritischer und brauchen oft länger, um Veränderungen durchzusetzen. Aufgrund der tradierten Sichtweise greifen sie im Geschäftsleben auch mehr auf ihr persönliches Beziehungsnetzwerk zurück, während sich westliche Geschäftsleute eher an Unternehmen bzw. Institutionen wenden.

Wenn beim Geschäftemachen zwei sich unterscheidende Kulturen aufeinandertreffen, sind vor allem zwei Dinge wichtig: Geduld und Respekt. Wer in den Vereinigten Arabischen Emiraten Geschäfte macht, sollte viel Zeit mitbringen. Araber schauen nicht auf die Uhr, wenn es um Geschäfte geht. Gespräche dauern oft stundenlang. Auf keinen Fall sollten Sie dabei direkt zum Thema kommen. Jegliche Zeichen von Ungeduld oder Eile gelten als äußerst unhöflich. Die Aufwärmphase kann lange dauern, daher sollten Sie immer großzügige Zeitreserven einplanen.

Ebenso kann es passieren, dass Ihr arabischer Geschäftspartner zu spät zum Geschäftstermin erscheint oder Unterbrechungen während der Verhandlung zulässt. Während in den meisten westlichen Ländern die Sekretärin für eine ungestörte Besprechung sorgt, gilt in den Emiraten auch während der Arbeitszeit die Tradition des „offenen Hauses". Sekretärinnen sind oft auch nicht bevollmächtigt, Termine für ihre Chefs zu verabreden. Terminfindungen werden häufig persönlich abgestimmt.

Während der Verhandlungen werden nicht selten drei verschiedene Geschäfte gleichzeitig abgewickelt, und alle reden lautstark durcheinander. Um in solch einer Situation nicht den Überblick zu verlieren und den Vertrag wie geplant abschließen zu können, sollte sich der europäische Geschäftspartner am besten direkt neben den Verantwortlichen setzen und ihn humorvoll, aber eindeutig auf das eigene Anliegen aufmerksam machen. Da in den Vereinigten Arabischen Emiraten ein patriarchalischer Führungsstil üblich ist, ist der Älteste meist auch der Einflussreichste.

Die körperliche Distanz nimmt dabei auf ein Minimum ab. Ein zu großer Abstand wird als kalt und abwertend empfunden. Der westliche Manager sollte deutlich machen, dass der Gastgeber der richtige und geeignete Geschäftspartner ist.

Während der Verhandlungen zwischen westlichen und arabischen Geschäftsleuten fällt auf, wie stark sich die Strategien unterscheiden: Während westliche Manager versuchen, logische und mit Fakten belegte Argumente vorzubringen, konzentriert sich die Kommunikation in den VAE auch auf personalisierte Argumente. Arabische Geschäftsleute sind gute Rhetoriker und sprechen meist laut, schnell und lange. Eloquenz als Mittel der Überzeugung wird sehr geschätzt.

Viele Araber vermeiden es jedoch, offen über negative Themen zu sprechen und die Dinge beim Namen zu nennen. Stattdessen benutzen sie Metaphern und oft auch indirekte Sprache. Auch wenn nach außen hin alles in Ordnung zu sein scheint, ist es ratsam, während der Gespräche zwischen den Zeilen zu lesen und so herauszufinden, ob es etwaige Probleme gibt.

Fazit

Die Vereinigten Arabischen Emirate sind, zum Beispiel im Vergleich zu Saudi-Arabien, sehr liberal und tolerant. Trotzdem muss man einiges, was für den westlichen Geschäftsmann fremd klingen mag, berücksichtigen, insbesondere auch in religiöser und kultureller Hinsicht. Ansonsten sind die Kleinstaaten, sei es Dubai, Abu Dhabi oder die anderen Emirate, ein sehr interessanter Ort, um gute Geschäfte zum beiderseitigen Vorteil zu machen, gepaart mit einem Hauch von Tausend-und-einer-Nacht.

Frankreich – Verhandeln zwischen Eleganz und Savoir-vivre

Sergey Frank

Vive la France – Frankreich ist nicht nur das Land der Gourmets und Lebensfreude, der Nachbar ist auch Deutschlands wichtigster Handelspartner mit einem Binnenmarkt von rund 65 Millionen Konsumenten und ein Brückenkopf zu mehr als 100 Millionen Verbrauchern in den Nachbarländern. Doch trotz kultureller Annäherung bleiben Missverständnisse zwischen Teutonen und Galliern nicht aus. Vertragsverhandlungen platzen und angestrebte Fusionen scheitern, weil abseits von Kennzahlen und Bilanzen die Geschäftsgepflogenheiten des Partners häufig immer noch fremd sind. Franzosen und Deutsche sind Nachbarn und sind sich offensichtlich ähnlicher als zum Beispiel Deutsche und Chinesen. In den Köpfen und Mentalitäten gibt es trotzdem große Unterschiede, auf die wir im Folgenden eingehen werden.

Parlez-vous français?

Das erste Hindernis beim Verhandeln mit französischen Geschäftspartnern ist die Sprache. Mag Englisch weltweit Verhandlungssprache Nummer eins sein – in Frankreich ist sie es nicht. Die Bereitschaft und die Fähigkeit, sich auf Englisch zu unterhalten, ist hier immer noch die Ausnahme. Der Schutz der französischen Sprache ist staatlich geregelt und auch bei Geschäften und Verhandlungen wird vornehmlich immer noch in dieser Sprache kommuniziert – vor allem bei älteren Führungskräften. Wer hier zu wenig Französisch beherrscht, sollte bereits im Vorfeld der Verhandlungen Dolmetscher einschalten. Die nachrückende Managergeneration spricht aufgrund der wachsenden Globalisierung und Internationalisierung jedoch zunehmend Englisch – und selbst Deutsch ist im Business auf dem Vormarsch.

> Falls Sie der französischen Sprache jedoch mächtig sind und diese in Ihren Verhandlungsgesprächen anwenden möchten, sollten Sie dennoch auf etwaige Stolpersteine, sogenannte „Falsche Freunde", achten: Das französische „concours" etwa steht für Wettbewerb und nicht für Konkurs, der „compromis" hat zwar dieselbe wörtliche Bedeutung wie der deutsche Kompromiss, wird aber negativ als Eingeständnis verstanden. Und das „concept" ist in Frankreich nicht mehr als eine vage Idee und nicht wie im Deutschen ein ausgearbeiteter Entwurf.

Geht es bei den Verhandlungen ins Detail und gestaltet sich das Vertragswerk kompliziert, empfiehlt es sich immer, einen französischsprachigen Juristen hinzuziehen. Denn das Französische wird bestimmt durch Feinheiten, Zweideutigkeiten und den „sens caché", der versteckten Botschaft der Diskurse. Oft können diese Feinheiten in der Sprache untergehen und Missverständnisse zwischen beiden Parteien auftreten.

Kleidung: klassisch und elegant

Franzosen sind allgemein eher klassisch und elegant gekleidet. Demnach sollte man, wenn man mit ihnen in Verhandlungen tritt, sich eher klassisch in dunklen Farben anziehen. Das Auftreten und das Aussehen sind sehr wichtig in Frankreich, Eleganz gehört zum Businessstil.

Beidseitige Missverständnisse

Für deutsche Geschäftsleute ist es in Frankreich mitunter schwierig, zwischen Offenheit und Form, Enthusiasmus und Distanz zu unterscheiden. Dass allerdings auch die Franzosen Probleme mit ihren deutschen Gesprächspartnern haben, wird häufig übersehen.
So bezeichnen sie das Naturell deutscher Manager gern mit Begriffen wie nüchtern, kühl, trocken, direkt, wenig engagiert und ohne Esprit. In Frankreich hingegen zählen der „bon esprit", die Konversation und die Verbindlichkeit. Seien Sie daher kommunikativ, gehen Sie auf Ihren Gesprächspartner ein, erzählen Sie auch von sich. Der Stil in Frankreich ist mehr assoziativ als nüchtern und man arbeitet eher kreativ und kommunikativ. Eleganz und Eloquenz in der Kommunikation, gepaart mit Enthusiasmus und einer stringenten Logik – esprit cartesien – werden daher einem technokratisch-nüchternen Sprach- und Verhandlungsstil vorgezogen.

Der vertrauliche Umgang

Ein vertraulicher Umgang mit dem Geschäftspartner wird in Frankreich nur unter hierarchisch Gleichgestellten akzeptiert. Agieren Sie einem ranghöheren Manager gegenüber daher lieber immer etwas zurückhaltender als zu kumpelhaft.
Bei einer regelmäßigen Zusammenarbeit ist es zwar üblich, dass sich die Gesprächspartner beim Vornamen nennen. Der Konvention entsprechend wird dem Vornamen jedoch noch oft das „Sie" angehängt. Diese Kommunikationsform ist in Deutschland kaum noch üblich. Per Du ist man mit einem Franzosen tatsächlich erst, wenn einem diese Variante förmlich angeboten wird. Bleiben Sie daher so lange beim Sie, bis Ihnen vom französischen Partner das Du angeboten wird. Sonst kann es passieren, dass Ihnen Ihr französischer Geschäftspartner auf die Frage „On veut tutoyer?" mit „Si vous voulez" antwortet.

Geduld ist gefragt

Erwarten Sie nicht, dass es in Verhandlungen gleich zur Sache geht. Die Franzosen lassen sich Zeit – auch was Termine und pünktliches Erscheinen angeht. Eine halbe Stunde Karenzzeit ist üblich.
Sitzt man dann endlich gemeinsam am runden Tisch, stehen Zahlen und Bilanzen zunächst hinten an. Französische Manager lieben Umwege, sie abstrahieren gern und werden erst nach einer intellektuellen Aufwärmphase wirklich konkret. Sie planen das Projekt kurz, führen es jedoch lange und flexibel durch. Im Gegensatz dazu sind es deutsche Manager gewohnt, lange zu planen, um sich anschließend eng am Projektablauf zu orientieren und zum Ziel zu kommen. Bei französischen Verhandlern hingegen steht oft der Gedankenaustausch im Vordergrund und weniger die Entscheidungen. Diese kommen später. Diese Methode steht ganz im Gegensatz zur deutschen und amerikanischen Vorgehensweise, wo gleich zu Beginn die relevanten Details abgeklärt werden.

Vom Allgemeinen hin zu den Einzelheiten

Das Verhandlungsprozedere beginnt fast immer mit Diskussionen über generelle Probleme und mögliche Strategien. Zunächst einigt man sich über den Zweck des Geschäfts, anschließend über die anzuwendenden Grundsätze, dann über den groben Inhalt und schließlich über die Einzelheiten. Der französische Manager demonstriert dabei gern Sinn für Inspiration und Improvisation.

Es kann passieren, dass er ohne ersichtlichen Grund zwischen mehreren Themen hin- und herspringt. Dies ist entweder ein Zeichen dafür, dass er sich seiner Position nicht sicher ist und sie erst noch genauer definieren will. Es ist aber auch möglich, dass er taktisch vorgeht und versucht abzuklopfen, wie sattelfest Sie sind. Lassen Sie sich nicht von Details ablenken, sondern konzentrieren Sie sich auf die wesentlichen Punkte.

Fallbeispiel
„Wenn auch die harten Fakten zu Beginn kaum eine Rolle spielen, sollte man die entscheidenden Kennzahlen jederzeit parat haben", rät ein deutscher Vertriebsleiter. „Die Franzosen können von einer Minute auf die andere von ethischen Grundsätzen zu Gewinnmargen und Rabatten springen. Hier ist höchste Aufmerksamkeit gefragt."

Unflexible Deutsche

Dass auch die französischen Geschäftspartner manchmal ihre liebe Not haben, dem deutschen Verhandlungsritual Verständnis entgegenzubringen, beschreibt ein französischer Marketingdirektor: „Die Deutschen sind häufig unflexibel und immer davon überzeugt, dass ihre Sichtweise die einzig richtige ist." Was ihn am meisten stört, ist jedoch das mangelnde Feingefühl für Konversationen, die über die reine Inhalts- und Sachebene hinausgehen.

Die Neigung der französischen Manager zu abstrakten Gedankengängen spiegelt sich auch in der Verhandlungsrhetorik wider. Die freie Rede wird ihnen schon während ihrer Universitätsausbildung beigebracht und genießt bei jedem französischen Manager einen hohen Stellenwert. Er erwartet in diesem verbalen Duell auch Widerspruch. Ziel ist es, in einem intellektuellen Diskurs die Probleme gemeinsam zu lösen. Dennoch wird Ihr französischer Partner hartnäckig bei seiner Sicht der Dinge bleiben und keine Zugeständ-

nisse machen, bevor Sie ihn nicht mit einer lupenreinen Logik von Ihren Argumenten überzeugt haben.
Lassen Sie sich daher beim Verhandlungs- und Projektverlauf zu einem gewissen Grad überraschen und halten Sie nicht 100%ig an konkreten Prozessen fest. Flexibilität ist hier der Schlüssel zum Erfolg. Gehen Sie davon aus, dass die Agenda sowie die Teilnehmer und Inhalte der Besprechung geändert werden können. Nehmen Sie sich dementsprechend genügend Zeitreserven mit und kalkulieren Sie auch Unterbrechungen mit ein.
Zu guter Letzt empfiehlt es sich, den Verhandlungs- und Projektablauf regelmäßig zusammenzufassen. Damit wird gewährleistet, dass Sie gemeinsam mit dem französischen Partner den aktuellen Prozessverlauf definieren: Flexibilität, Gelassenheit und Prozessorientierung – das sind Eigenschaften, die Ihr französisches Gegenüber schätzen wird.

Rhetorik als Selbstdarstellung

Im Gegensatz zum deutschen oder auch amerikanischen Geschäftspartner sind für den französischen Manager Rhetorik und Diskurs kein bloßes Instrument. Vielmehr dienen sie ihm zur Selbstdarstellung. Auch in Briefen – meist auf Französisch verfasst – gibt es Feinheiten. So enthalten französische Geschäftsdokumente häufig übertrieben anmutende Höflichkeitsformeln. Sie sind aber üblich, da sie der Tradition der französischen Schriftsprache entstammen.
Ist der intellektuelle Diskurs der Verhandlung erfolgreich geführt, legt der französische Manager jedoch Wert auf einen schlüssigen Vertrag mit präzisen Definitionen.
Papierschlachten, charakteristisch für Verhandlungen mit Amerikanern, sind nicht zu befürchten. Dennoch akzeptiert ein französischer Manager meist Detailänderungen am Vertrag, wenn sich die Dinge weiterentwickeln.

Fazit

Deutschland und Frankreich – so nahe und manchmal doch so fern. Frankreich ist ein gutes Beispiel dafür, wie sich Nachbarstaaten trotz ihrer Nähe interkulturell beträchtlich unterscheiden können. Beachtet man die bereits beschriebenen Unterschiede, so steht dem Geschäftemachen in Frankreich und mit den Franzosen wenig im Wege. Französisches Savoir-vivre und Eleganz sowie deutsche Primärtugenden sind gar keine schlechte Kombination, wenn man beides mit etwas Humor und Esprit nimmt. Nicht umsonst ist Frankreich der wichtigste Exportpartner Deutschlands. Bonne chance!

Großbritannien – Business as usual?

Sergey Frank

Großbritannien kann immer noch als Mutterland des alten britischen Empires betrachtet werden, da die geschäftlichen Verbindungen zu den ehemaligen Kolonialgebieten weiterhin bestehen. Das multikulturelle London ist längst zur Kultur- und Szenehauptstadt Europas avanciert, und in der Liga der „Global Players" verfügt jedes Unternehmen über eine Geschäftsadresse und Büroräume in der Metropole. Die Finanzkrise hat London und das gesamte Vereinigte Königreich stark getroffen. Trotzdem gibt es jetzt bereits positive Anzeichen der gesamtwirtschaftlichen Konjunktur, wobei auch bei den Briten viel Vertrauen in globale Transaktionen generell verloren gegangen ist.

Beherrschung richtiger Verhaltensregeln

Das Geschäftemachen in Großbritannien, insbesondere aber auch in London als der Megapolis der Insel, ist nicht ganz einfach. Hierzu dient am besten folgendes Beispiel:

Fallbeispiel
Karin P. ist die Marketingleiterin eines deutschen Medienunternehmens und bester Dinge: Ihr erstes Zusammentreffen mit britischen Partnern in London verlief ausgesprochen harmonisch. Die Verhandlungen über gemeinsame Kooperationsfelder im Vereinigten Königreich schienen erfolgreich gewesen zu sein. Gleich zu Beginn des Gespräches hatte sie der Chef der britischen Firma mit „Hello Karin, how good to see you, please call me John" begrüßt.

Man war extrem höflich und zuvorkommend. Karin P. hatte jederzeit das Gefühl, mit ihrem Anliegen auf offene Ohren zu stoßen. Auch ihre gut vorbereitete Präsentation – kurz und prägnant – beeindruckte augenscheinlich. Insgesamt war sie positiv überrascht, da sie mit der Überzeugung nach London geflogen war, dass die Manager dort „very British" – also konservativ mit einer „stiff upper lip" – und zähe Verhandlungspartner seien. Davon war nichts zu spüren.

Die kalte Dusche folgte jedoch nach der Rückkehr. Nach mehreren Wochen und zwei nachhakenden E-Mails von Karin P. kam die höfliche, aber klar und relativ kurz gehaltene Ablehnung des Kooperationsangebots.

Was war schief gelaufen?

So oder ähnlich wie Karin P. ergeht es nicht wenigen deutschen Geschäftsleuten bei Verhandlungen mit britischen Partnern. Ansprüche und Erwartungen aus dem bekannten – deutschen – Verhandlungsalltag werden distanzlos auf britische Umstände übertragen. Unterschiede in der Verhandlungs- und Managementkultur werden ignoriert. Obwohl die meisten Manager diese Unterschiede kennen, setzen sie dieses Wissen oftmals nicht in die Verhandlungspraxis um.

Die Beherrschung anfänglich eher ungewohnter Verhaltensregeln kann aber den Unterschied zwischen Erfolg und Misserfolg in Großbritannien ausmachen – auch und gerade im Zeitalter des „global markets". Auch die Marketingleiterin hätte es sich um einiges leichter machen können, hätte sie sich auf die entscheidenden Erfolgselemente bei Verhandlungen mit britischen Partnern konzentriert.

How to be British

Es ist nicht nur ein Klischee, sondern entspricht für gewöhnlich auch der Realität, dass britische Geschäftspartner sehr höflich sind, mit einer Neigung zu subtilem Humor, der leiser, trockener und weniger aufdringlich ist als in Deutschland. Im Gegensatz zu den Deutschen gehen britische Verhandlungspartner jedoch weniger intensiv vorbereitet in Gespräche. Die Vorstellung vom Verhandlungsverlauf ist – analog zum akademischen Ansatz der Briten – eher kooperativ als konfrontativ und relativ undogmatisch.

Der britischen Höflichkeit folgend wird der britische Partner Ihnen selten offen widersprechen, sondern seine Bedenken höflich umschreiben. Wenn er sich für den Standpunkt der Gegenseite bedankt und ihn als „helpful" oder „interesting" bezeichnet, so heißt dies noch lange nicht, dass er die Position teilt, er kann vielmehr Ihre Argumentation bereits stillschweigend abgelehnt haben. Gleichzeitig wird der britische Verhandlungspartner aber immer das Ziel verfolgen, gemeinsam nach pragmatischen Lösungen zu suchen. Er respektiert es, wenn Sie Ihren eigenen Standpunkt höflich, aber beharrlich verteidigen.

Sie sollten sich vor Verhandlungen darauf einstellen, dass immer wieder Situationen entstehen, in denen der britische Geschäftspartner gemeinsam über neue Optionen diskutieren möchte und neue Aspekte des Verhandlungsgegenstandes auf die Agenda setzt. Hier ist Flexibilität gefragt. Der Brite spielt jedoch stets mit offenen Karten: Er wird Ihnen immer alle notwendigen Informationen zukommen lassen, damit Sie sich ein umfassendes Bild seines Standpunktes machen können.

Fair Play ist wichtig

Die zwischenmenschliche „Chemie" in Verhandlungen ist bei den Briten sehr viel wichtiger als in Deutschland. Legen deutsche Geschäftsleute größeren Wert auf die fachliche, geschäftliche Ebene, so misst der Brite der persönlichen Sympathie einen größeren Wert bei. Ein wichtiger Gradmesser ist der Sinn für Fair Play.
Merkt Ihr Partner beispielsweise, dass Sie versuchen, ihn in unangemessener, unfairer Weise zu überrumpeln oder gar „über den Tisch zu ziehen", kommt auch eine zunächst angenehme Verhandlungsrunde abrupt ins Stocken. Verhandlungen bzw. Geschäftsbeziehungen nach einem solchen Fauxpas wieder eine positive Richtung zu geben, ist ein schwieriger und langwieriger, manchmal auch unmöglicher Prozess.
Wenn britische Manager in ihrer Kommunikation auch weniger formell sind als vermutet, so gilt Gleiches noch lange nicht für den Dresscode: Die Kleidung britischer Geschäftsleute ist nach wie vor konservativ. Dunkle Anzüge entsprechen dem gängigen Dresscode des britischen Businessman. Dunkelblau, dunkelgrau und schwarz sind die dominierenden Farben, auch wenn junge Manager zunehmend modischere Geschäftskleidung tragen. Am sogenannten „leisure Friday" ist es zwar oft üblich, dass Briten in Alltagskleidung im Büro erscheinen. Wenn sie in Verhandlungen treten oder im Kundenkontakt sind, behalten sie ihren konservativen Kleidungsstil jedoch bei.
Semiberufliche gesellschaftliche Zusammenkünfte spielen bei der Geschäftsanbahnung und Kontaktpflege eine große Rolle. Zu einem zwanglosen Essen lädt der britische Partner seine Gäste eher in ein Restaurant als zu sich nach Hause ein. Die üblichen Gesprächsthemen kreisen um das Wetter, den Sport und andere Freizeitaktivitäten, aber auch um die neuesten Premieren in den Londoner Theatern. Eine gewisse Beschlagenheit in kulturellen Belangen ist

beim Small Talk von Vorteil. Themen, die Konfliktpotenzial bergen – wie politische oder weltanschauliche Überzeugungen –, werden mit Vorsicht behandelt und sollten eher gemieden werden.

Understatement – eine Einstellung mit großer Wirkung

Neben diesen Verhaltensregeln ist es ebenfalls wichtig, Unterschiede in der innerbritischen Geschäftskommunikation zu kennen. Briten sind nicht nur in Verhandlungen ausgesprochen höflich und scheuen Übertreibungen. Auch in der internen Kommunikation innerhalb eines Betriebes ist oft Zurückhaltung die Devise. Dies kann zur Folge haben, dass Probleme, die unterschiedlich eingeschätzt werden, fatale Folgen haben.

Fallbeispiel
> Dr. Harald S. war Werksleiter eines deutschen Pharmaherstellers. Nach der Akquisition einer Firma in den Midlands wurde er dort Geschäftsführer mit der Maßgabe, die Produktion auf deutschen Standard anzugleichen. Eines Tages sprach ihn einer seiner Mitarbeiter zwischen Tür und Angel an und redete von „slight problems" in der Produktion. Dr. Harald S., ohnehin stark beschäftigt mit der ungeheuren Anzahl an offenen Fragen und einer starken Komplexität im englischen Werk, delegierte das Problem, dessen Dringlichkeit er aufgrund der Wortwahl seines Ingenieurs nicht richtig einschätzte. Die Folge: Aufgrund einer technischen Panne musste die gesamte Tagesproduktion gestoppt werden.

Die Auffassung davon, was ein „slight problem" und was eine gravierende Panne werden könne, also die unterschiedliche Bewertung kommunikativer Symbole, hatte eine unnötige Krise hervorgerufen. Es ist daher immanent wichtig, dass Sie die Feinheiten der englischen Sprache und die Besonderheiten britischer Kommunikation kennen, damit Sie Äußerungen richtig interpretieren und Missverständnisse vermeiden können.

> Beachten Sie in diesem Zusammenhang beispielsweise auch, dass der Zusammenschluss von zwei Unternehmen nicht „fusion" (Mischung), sondern „merger" und das Protokoll „minutes" oder „minutes of meeting" und nicht „protocol" heißt. Erfolgreiche Kommunikation hängt zum einen zwar buchstäblich am Detail, hauptsächlich aber am korrekten Austausch von Vokabeln.

Praktische Tipps für Großbritannien

- Höflichkeit ist in Großbritannien ausgesprochen wichtig. Lassen Sie Ihr Gegenüber in Ruhe aussprechen, seien Sie herzlich, aber nie „kumpelhaft". Der Gebrauch des Vornamens ist zwischen Verhandlungspartnern üblich, stellt aber keinen Sympathiebeweis dar, den man überbewerten sollte.
- Humor hilft immer, die Verhandlungsatmosphäre zu verbessern. Engländer sind Freunde des subtilen und trockenen Humors, „Hauruck-gute-Laune" wird nicht gern gesehen.
- Small Talk ist wichtig. Doch sollten Sie dort eher untertreiben als mit persönlichen Leistungen zu beeindrucken. Hier gilt: Weniger ist mehr.
- Seien Sie in Verhandlungen flexibel. Vertreten Sie Ihren Standpunkt, versuchen Sie jedoch auch, den des Partners aus seiner Perspektive zu betrachten.
- Vermeiden Sie Besserwisserei oder das Herumreiten auf Details. Vertreten Sie Ihren Standpunkt argumentativ, ohne dabei unflexibel zu erscheinen.
- Achten Sie auf Zwischentöne. Englische Manager neigen zu Untertreibungen, auch in Problemsituationen.
- Legen Sie vor dem eigentlichen Verhandlungsbeginn Key Terms fest, um spätere Missverständnisse zu vermeiden.

> Seien Sie aber auch auf deutschfeindliche Äußerungen gefasst: Termini wie „The German Panzer", „Two World Wars and one World Cup" oder „They are marching again" tauchen im Kontext mit Deutschland gelegentlich auf, insbesondere nach Fußballspielen beider Nationen, wenn das Match zum „Ersatzkrieg" hochsterilisiert wird, und das nicht nur von der Boulevardpresse, sondern auch von so renommierten Zeitungen wie der „Times".

Fazit

Das Vereinigte Königreich ist anders als viele Länder in Europa – einzigartig und auch positiv eigentümlich. Trotz aller Animositäten, insbesondere durch beide Weltkriege, haben Deutschland und Großbritannien vieles gemeinsam. Unter anderem sind sich die Sprachen sehr ähnlich. Es gehören Fingerspitzengefühl, Humor und auch das Interesse, in das englische Leben einzutauchen, dazu, um dort geschäftlich und auch privat Erfolg zu haben. Findet man Interesse an dem Land und den Leuten, wird einem die positive Eigentümlichkeit sehr vertraut. Kurzum: Es lohnt sich, auf der „etwas anderen Insel" geschäftlich und auch privat tätig zu sein.

Über die Autoren

Sergey Frank

Sergey Frank ist als Internationalisierungsberater mit Schwerpunkt auf die BRIC-Staaten tätig. Er ist ein ausgewiesener Kenner des internationalen Marktes. Er war elf Jahre als Partner für Kienbaum Executive Consultants GmbH im internationalen Beratungsumfeld tätig und arbeitete zuvor als Executive Director weltweit für Continental AG und für Pipetronix GmbH, eine Tochtergesellschaft der Preussag AG. Schwerpunkte seiner Arbeit waren internationale Organisations- und Vertriebsprojekte sowie Unternehmensanalysen und Business Development, vor allem in den USA, Südamerika, dem Mittleren Osten und in Russland. Daneben war er weltweit als Berater für die George-Soros-Foundation tätig.

Darüber hinaus ist Sergey Frank Autor zahlreicher Veröffentlichungen, u. a. in England „Financial Times", „The European Lawyer", in Deutschland „FAZ", „Handelsblatt", „Wirtschaftswoche", „Manager Magazin Online", in GUS „Vedomosti" und „Delo". Sein Buch „Internationales Business" ist 2003 im Haufe-Verlag und 2008 auf Russisch bei Olymp Business erschienen. Für 2010 ist die chinesische Ausgabe geplant. Außerdem ist er Autor der 2009 und 2010 erschienenen Serie im Handelsblatt Online zum Thema „Deutschland – Weltspitze", die als Basis für das vorliegende Buch dient, sowie Autor der multimedialen Reihe in russischer Sprache „Erfolg in Europa" bei der Deutschen Welle. Sergey Frank hält viele Seminare zu interkulturellen Themen auf Englisch, Deutsch und Russisch ab. Dort spricht er z. B. über Kommunikation und Führen im Ausland, globale Verhandlungen sowie Struktur, Komplexität und Organisation von internationalen Unternehmen.

Weitere Einzelheiten finden Sie unter www.sergey-frank.com.

Peter Anterist

Prof. Peter Anterist ist CEO der internationalen Treuhandgesellschaft InterGest, die an mehr als 50 weltweiten Standorten exportorientierte Unternehmen unterstützt. In der Central University of Finance & Economics, Beijing, und der School of Finance der Capital University and Business, Beijing, hält er als Gastdozent regelmäßig Vorträge im Bereich internationales Management.

Weitere Informationen zu InterGest erhalten Sie unter www.intergest.com.

Jost Baumgärtner

Dr. Jost Baumgärtner ist seit 2003 Mitglied des Vorstands der Pfisterer Holding AG, Winterbach. Die Pfisterer Gruppe ist eines der weltweit führenden Unternehmen der Elektrotechnik mit 15 Tochtergesellschaften und erwirtschaftet mit rund 1.350 Mitarbeitern in 18 Ländern einen konsolidierten Umsatz von ca. 200 Mio. EUR. Pfisterer ist Spezialist für Kontaktelemente und -systeme zur Verwendung in Nieder-, Mittel- und Hochspannungsnetzen.

www.pfisterer.com

Jürgen Kohlrusch

Dr. Jürgen Kohlrusch studierte Elektrotechnik an der Universität Hannover und promovierte 1994 an der Universität des Saarlandes zum Thema „Statistische Schätzverfahren". Im Anschluss gründete er die IBP GmbH in Saarlouis, die bis heute besteht. 2009 übernahm er den Vorstandsvorsitz der PaMMon S.A., die sich als Tochtergesellschaft der InterGest-Organisation mit internationalem Controlling und Reporting befasst. Seit 1994 ist er außerdem als Referent für namhafte Firmen wie Festo, Villeroy & Boch und ThyssenKrupp tätig.

Weitere Informationen finden Sie unter www.pammon.lu

Über die Autoren

Torsten Wulf

Prof. Dr. Torsten Wulf ist Inhaber des Lehrstuhls für Strategisches Management und Organisation sowie Akademischer Direktor der MBA-Programme der Handelshochschule Leipzig (HHL), Deutschlands ältester betriebswirtschaftlicher Hochschule, die heute zu den führenden Adressen in Europa gehört. Vor seinem Wechsel an die HHL war Prof. Wulf u. a. als Professor an der ENPC in Paris sowie als Gastdozent in Marokko und Polen tätig.

www.hhl.de

Ralf Wagener

Dr. Ralf Wagener ist selbstständiger Unternehmensberater. Er war von 1990 bis 2009 im Bereich Wirtschaftsprüfung in einer der „Big 4" tätig, seit 1999 als Partner. Dort hat er von 2004 bis 2008 in Moskau und dann als Leiter der Niederlassung in St. Petersburg gearbeitet. Seine Schwerpunkte sind betriebswirtschaftliche Beratung, M&A-Beratung und die Unterstützung bei deutsch-russischen Investitionsprojekten.

E-Mail: dr.ralf.wagener@gmail.com

Maria Smid

Maria Smid ist als Senior Berater bei Kienbaum Consultants in Wien tätig, wo sie die Vergütungsberatung für Österreich und Mittel-/Osteuropa betreut. Zuvor war sie als Software Consultant tätig. Sie hat einen Abschluss in Japanologie/Amerikanistik, eine Ausbildung als MBA (Schwerpunkt Finanzen) sowie die amerikanischen Staatsprüfungen für Wirtschaftsprüfung/Steuerberatung. Sie verfügt über Berufserfahrung in Deutschland, der Schweiz, den USA und Japan.

E-Mail: maria.smid@kienbaum.at

www.verguetungsportal.kienbaum.de

Iris Duchetsmann

Frau Dr. Duchetsmann ist Rechtsanwältin im Shanghaier Büro von Salans LLP und leitet das Arbeitsrechtsteam in China. Sie berät internationale Mandanten umfassend im chinesischen und deutschen Arbeitsrecht sowie zu Themen des internationalen Personalmanagements, einschließlich aufenthalts-, steuer- und sozialversicherungsrechtlicher Aspekte. Seit 2010 ist sie Vorstandsmitglied der Arbeitsgruppe HR der Europäischen Handelskammer in Shanghai.
E-Mail: lduchetsmann@salans.com
www.salans.com

Heino Wiese

Heino Wiese ist Unternehmensberater und Public-Affairs-Experte. Er war Abgeordneter des Deutschen Bundestags, ehe er als Mitglied der Geschäftsleitung und Exportdirektor des Modeunternehmens s. Oliver den Aufbau des internationalen Geschäftes in insgesamt 14 Ländern (Schwerpunkt China und Russland) verantwortete. Aktuell ist er mit seiner Beratungsfirma für deutsche und russische Unternehmen überwiegend in den Bereichen Gesundheit, Energie, Metall- und Automobilindustrie tätig.
www.wiese-consult.com

Guntram Kaiser

Guntram Kaiser studierte am Institut für Internationale Beziehungen in Moskau und arbeitete ab 1990 als PR-Berater, u. a. auch in der Funktion des Managing Directors bei der international renommierten Agentur Weber Shandwick. Seit 2003 ist er als Partner und Geschäftsführender Gesellschafter der Berliner PR-Agentur KaiserCommunication GmbH tätig und tritt als Gast- und Honorardozent an verschiedenen Hochschulen in Deutschland und Russland auf.
E-Mail: kaiser@kaisercommunication.de

Axel Werner

Axel Werner ist seit 2005 als Partner bei Kienbaum Consultants in São Paulo tätig, wo er den Bereich Executive Search leitet. Zuvor war er als Management Berater in Deutschland und Brasilien tätig, mit Projektschwerpunkte in den Wirtschaftssektoren Automotive, Schwerindustrie, Textil und Maschinenbau. Er hat einen Abschluss in Betriebswirtschaft mit Fokus in Finanz- und Rechnungswesen und verfügt über weitere Berufserfahrung in USA, Portugal und Argentinien.

E-Mail: awerner@kienbaum.com.br
www.kienbaum.com.br

Literaturverzeichnis

- Bennis, W.; O'Toole, J.: How business schools lost their way, in: Harvard Business Review, 83. Jg., Nr. 5, S. 96-104
- Bundesagentur für Außenwirtschaft (BFAI), Verhandlungspraxis Kompakt Japan, 2008, im Internet unter: www.gtai.de/DE/Content/bfai-online-news/2009/02/medien/gs2-japan-verhandlungspraxis-kompakt, Stand: Februar 2010
- Чумиков, А. , Российский рынок услуг в области связей с общественностью в 2003 году, im Internet unter: www.pr-club.com/PR_Lib/market2003.doc, Stand 03.05.2010
- Deutsche Gesellschaft für Osteuropakunde, Russlandanalysen 118/06, im Internet unter: www.laender-analysen.de/russland/pdf/Russlandanalysen118.pdf, Stand: 03.05.2010
- Ernst & Young, Studie „Global Megatrends 2009", 2009
- Егорова, Е, Перспективы развития PR-рынка в России прекрасны, im Internet unter: www.nikkolom.ru/article/st_egorova_2000.htm, Stand 03.05.2010
- FIAC, A survey of CEO's, 2008, im Internet unter: www.fiac.ru/files/fiac_survey_2008_eng.pdf, Stand 08.04.2010
- Freitag, A., Stokes, A.Q., Global public relations: spanning borders, spanning cultures, Routledge 2008
- Героический бизнес, in: Со – Общение, im Internet unter: www.soob.ru/n/2002/1/s/25, Stand: 03.05.2010
- Japan External Trade Organization (JETRO), Interkulturelle Kommunikation, Hinweise zum Geschäftsverhalten in Japan, 2003, im Internet unter: www.jetro.go.jp/austria/newsletter/0512.html/interkulkom.pdf.

- Komender, Pawel J., Simon-Kucher & Partners, Vier mal fünf Regeln für Preisverhandlungen in Japan, im Internet unter: www.simon-kucher.com/Internetdatabase/publication.nsf/0a988350ba8 d6626c125670100539865/c685275f2287ab9ec1256af000412740?OpenDocument
- Михайлова, О, Особенности PR в России глазами директора PR-ателье, im Internet unter: www.april.by/articles/analyst/2007/05/416.html, Stand: 03.05.2010
- Рейтинг PR-агентств по количеству упоминаний в СМИ за март, im Internet unter: www.communicators.ru/library/ratings/070410_rating_march, Stand: 03.05.2010
- Российский рынок PR в 2009 году, im Internet unter: www.mediaguide.ru/?p=news&id=4af93f40, Stand: 03.05.2010
- Tsetsura, K, Russia, in: Mouton de Gruyter (Hrsg.): Public Relations and Communication Management in Europe, Berlin 2004

Stichwortverzeichnis

Agent, lokaler 38
Akquisition 24, 143
Anrufe, kalte 124, 143
Arbeitsrecht 85, 90, 98
Asset Deal 78
Aufhebungsvertrag 102
Auftragsfertigung 26
Auslandsengagement
– Checkliste 24
Auslandsgeschäft 13, 54

Basarmentalität 120, 129, 149, 178
Bonusvereinbarungen 104
Brasilien 152 ff.
BRIC-Staaten 16, 62, 83, 135, 198
Bürokratie 147, 154, 161
Business Case 81 f.
Businessplan 106, 140

China 98 ff., 143 ff.
Closing 90, 131
– skills 123
Controlling 61, 68
– internationales 68
– proaktives 72

Direktinvestition 77 ff., 81
Direktsuche 87
Distributeur 25
Dolmetscher 35, 105, 127, 137, 145, 157, 171, 185
Due Diligence 78

Einflussfaktoren, kulturelle 14
Emerging Markets 83, 93, 105
Englisch
– Fremdsprache 29, 43, 45
– Muttersprache 29, 43
Entscheidungskompetenz 84, 142
Erfolgsfaktor 135
Erfolgs-Knowhow 13
Expatriate 86, 160

Familienunternehmen 173, 176
Feedback-Kultur 91
FIAC 79
Finanzkrise 16, 62, 77, 94
Flexibilisierung 99
Frankreich 186 ff.
Frühwarnsystem 71
Führungskompetenz, soziale 74
Führungskräfte 83, 94
Führungsstil
– autoritärer 159
– patriarchalischer 153, 183

Gemeinschaftsdenken 132
Geschäftsanbahnung 108, 124, 134, 144 f., 175, 193
Geschäftsorganisation 141
Gesichtsverlust 37, 50, 164
Gesichtswahrung 20, 45, 90, 102, 138, 146, 171
Gewerkschaften 101
Globalisierung 13, 16
Globalisierungsprozess 83

Green-Field-Investment 78
Großbritannien 191 ff.
Gruppendenken 132
Guanxi 145
GUS 77

Handelskammer 24, 44, 81, 103, 169, 175,180
Handelsvertreter 25
Hierarchiegedanke 86, 138
Human Resources 95
Humor 30, 115, 128, 152, 159, 164, 192

Implementierungsschritte 25
Importeur 25
Indien 157 ff.
Informationsverarbeitung 65
Internationalisierung 23, 29, 61

Japan 124 ff.
Joint Venture 27

Kandidaten
– Ausbildung 89
– Auswahl 88
– Portfolio 88
– Präsentation 89
– Sprachkenntnisse 89
Kernkompetenz 53
KISS 29, 122, 165, 170
Klischeedenken 121
Knowhow-Transfer 26
Kommunikation
– informelle 67
– internationale 19
– nonverbale 14
– persönlicher 66

Kommunikationsbarriere 84
Kompetenz
– Handlungs- 22
– interkulturelle 21
– Sach- 21
– Selbst- 21
– Sozial- 21
Kooperation 26
Körpersprache 133
Korruption 79, 106, 109, 113, 166
Kosteneinsparung 56
Kostenoptimierung 100
Kultur
– Falle 14
– Geschäfts- 66, 115, 160
– Management- 158, 192
– Verhandlungs- 37, 116, 171
Kündigungen, betriebsbedingte 101
Kündigungsvorschriften 99

M&A 101
Machtdistanz 63
Management
– Ausbildung 73
– Informationssystem 66
– Instrument 61
– Kultur 158, 192
Manager, internationaler 19
Marketing-Mix 111
Matrix
– Denken 139
– Struktur 88
MBA 73
Medienlandschaft, russische 113
Meilenstein 33, 45
Mitarbeiter
– Bindung 93, 103
– Fluktuation 60, 83, 91, 94, 98, 103

- Loyalität 83, 95
Mittelsmann 148

Nachbereitung
- praktische 49
- strategische 49
Nervosität 30

Öffentlichkeitsarbeit 111
Online-PR 113
OOO 79
Outsourcing 53
- Checkliste 56
- Prozess 58

Performance Management 103
Personal
- Abbau 96, 100
- Auswahl 83, 103, 141
- Beratung 84
- Kosten 96
- Management 98, 103
- Motivation 104
- Suche 83
Politikberatung 105, 172
Präsentation, internationale 29
Produkt-Kannibalismus 69
Projektkoordinator 50
Prozessdenken 167
PR-Segmente 112
Public Affairs 105
Public Relations 111

Raiding 78
Rangordnung 125
Rechtsanwalt 41, 120, 150
Rechtssprache 43

Rekrutierung 84
- Prozess 89
Reputationsmanagement 111
Risiko
- Absicherung 108
- Minimierung 55, 99
- Steuer- 80
- Zoll- 80
Russland 111, 135 ff.

Sanktionen, arbeitsrechtliche 100
Share Deal 78
Sitzordnung 126
Social Media 113
Spezialist 35, 59, 117, 151
- juristischer 44
Sprachbarriere 84
Sprachverständnis 45
Strategie, internationale 19
Suchauftrag, internationaler 84
Südafrika 163 ff.

Thailand 168 ff.
Timing 45
Türkei 175 ff.

Unsicherheitsvermeidung 65
Unternehmenskauf 80
Unterschiede, kulturelle 19, 49, 63, 85, 102, 136
USA 73, 115 ff.

Vereinigte Arabische Emirate 180 ff.
Vergütung 93
- Praxis 95
- variable 96
Verhaltenskodex 133

Verhandlung
- Argumentation 119, 129, 144, 161, 192
- Führung 102
- internationale 35 ff., 39, 45
- Prozess 31, 38
- Strategie 46

Vertrag
- Abschluss 131
- Checkliste 44
- Entwurf 42
- Partnerschaft 77

Zeitarbeit 99
Zeitbudget 31, 32
Zeitfaktor 27, 34, 45 ff., 85, 105, 173